児童の科学的概念の構造と構成

ヴィゴツキー理論の理科教育への援用

白數哲久 著
Tetsuhisa SHIRASU

福村出版

JCOPY 〈出版者著作権管理機構　委託出版物〉

本書の無断複写は著作権法上での例外を除き禁じられています。複写され
る場合は、そのつど事前に、出版者著作権管理機構（電話 03-3513-6969、
FAX 03-3513-6979、e-mail: info@jcopy.or.jp）の許諾を得てください。

目次 ◇◇◇ 児童の科学的概念の構造と構成──ヴィゴツキー理論の理科教育への援用

はじめに ──────────────────────────── 11

序 章
先行研究の到達点と研究の目的

第1節　先行研究の到達点と課題 ──────────── 14

第2節　本書の構成 ─────────────────── 19

第1章
市民の科学的リテラシー向上につながる
「科学的探究」学習の在り方の検討

第1節　問題の所在 ─────────────────── 24

第2節　研究の目的 ─────────────────── 26

第3節　市民の科学的リテラシーの重要性 ─────── 27

　3.1　科学と社会の重合領域の拡大　27

　3.2　「科学の不確実性」と「リスク」の伝達　29

　3.3　サイエンス・コミュニケーションの深化に向けた方向性　30

第4節　我が国の理科教育の課題 ──────────── 31

　4.1　我が国の理科教育の課題と方向性　31

　4.2　我が国の生活科と理科の接続の課題　35

第5節　「科学的探究」学習の有用性と学校教育における課題 ─────── 38

　5.1　「科学的探究」学習の有用性　38

　5.2　「科学的探究」学習を推し進める上での障害　41

第6節　まとめ ───────────────────── 42

第2章

**構成主義学習論の視点に立った
「科学的探究」学習構築の意義の検討**

第1節　問題の所在　46

第2節　研究の目的　48

第3節　我が国の問題解決学習の変遷と「探究」の位置づけ　49

3.1　問題解決学習の特徴　49

3.2　問題解決学習から系統学習への移行　51

3.3　探究学習の特徴　53

3.4　問題解決学習に類似した学習理論　54

3.5　「探究学習」における「プロセス・スキル」の課題　55

3.6　問題解決学習と系統学習の関係　59

3.7　今日の我が国における「探究」の位置づけ　60

第4節　構成主義学習理論の展開　63

4.1　子どもの「潜在的カリキュラム」の承認　63

4.2　構成主義学習理論の融合　64

4.2.1　デューイが提唱した個人と外界の相互作用の役割　64

4.2.2　ピアジェが提唱した個人の内面で構成される発達の道筋　65

4.2.3　ヴィゴツキーが提唱した媒介の機能とZPDの存在　67

第5節　生活的概念と科学的概念の相互作用　68

5.1　ZPDの場における熟達化の構造　68

5.2　理科教育における垂直的相互作用　69

5.3　理科教育における水平的相互作用　71

5.4　垂直的相互作用と水平的相互作用の連動による科学的概念の発達　72

第6節　米国の理科教育に見られる理科学習論　73

6.1 構成主義学習論を基盤とした米国の「科学的探究」 73

6.2 『全米科学教育スタンダード』成立までの背景 74

6.3 『全米科学教育スタンダード』の教育理念 76

6.4 米国における「探究：Inquiry」の意味の検討 79

6.5 米国教育改革の新しい潮流 84

第7節 まとめ 89

第3章
「科学的探究」学習による生活科授業デザイン
——鳥の巣を教材として——

第1節 問題の所在 96

第2節 研究の目的 99

第3節 自然認識の拡張 99

3.1 自然認識の発達段階 99

3.2 文化歴史的活動理論——ZPD の水平的拡張 101

3.3 自然認識の拡張モデルの構築 103

3.4 理科教育における自然認識の拡張モデルの理論的検討 104

第4節 生活科授業で気付きの質を高める「科学的探究」の基礎の検討 105

4.1 「科学的探究」の生活科への援用
——『全米科学教育スタンダード』の視点から 105

4.2 協同学習の生活科への援用——認知科学の視点から 107

4.3 素朴生物学の生活科への援用——アニミズム的傾向の重要性 108

4.4 生活科授業において気付きの質を高める
「科学的探究」の授業デザイン 109

第5節 生活科授業による事例的分析 111

5.1 実施時期 111

5.2 実施対象 111

5.3 実施概要 111

5.4 劇の脚本 113

第6節 考 察 115

6.1 「科学的探究」の能力——研究したことの劇発表への活用 115

6.2 「科学的探究」の理解
——自分たちの自然体験と専門家の研究との関係づけ 117

6.3 協同学習——友達と一緒に巣の模型を作ったり
劇を作り演じたりしたこと 118

6.4 素朴生物学のアニミズム——鳥になったつもりで
巣の模型を作ったり劇で演じたりしたこと 120

第7節 まとめ 121

第4章
「科学的探究」学習による理科授業デザイン
——FOSS の学習プログラムを手がかりとして——

第1節 問題の所在 124

第2節 研究の目的 125

第3節 FOSS の「科学的探究」 126

3.1 FOSS の概要 126

3.2 FOSS プログラム "Air and Weather" に
見られる「科学的探究」の特徴 127

3.3 FOSS プログラム "Air and Weather" の
「空気」に関わる学習の学習サイクルの特徴 129

第4節 「空気」と「風」を関係づける学習プログラムの設計 131

第5節　授業実践による事例的分析 ———————————————————— 134

5.1　実施時期　134

5.2　実施対象　134

5.3　実施単元名　134

5.4　授業実践の概要　134

5.5　事例的研究の調査方法と分析方法　135

5.6　〈空気の存在〉の概念に関わる分析　135

5.7　〈空気の圧力〉の概念に関わる分析　136

5.8　「空気」と「風」の関係に関わる分析　138

5.9　子どもの科学的概念の構築の傾向　139

5.10　「科学的探究」を基盤とした授業デザインにおける
　　　科学的概念の構築の道筋　141

第6節　まとめ ———————————————————————————— 142

第5章
「科学的探究」学習による科学的概念の
構築を図るための理科授業デザイン
——第3学年「じ石」を事例として——

第1節　問題の所在 ——————————————————————————— 146

第2節　研究の目的 ——————————————————————————— 147

第3節　米国における「探究」の捉え方 ———————————————— 148

3.1　デューイの「探究」の理論　148

3.2　『全米科学教育スタンダード』の「科学的探究」　149

第4節　「科学的探究」の教授・学習モデルの構築 ————————— 150

4.1　ZPDの場で構成される科学的概念　150

4.2　水平的相互作用　153

4.3　FOSS の科学的探究の学習過程　154

4.4　3つの理論を融合させた教授・学習モデル　156

第5節　我が国の理科教育における問題点　159

5.1　科学的探究から見た理科教育の問題点　159

5.2　科学概念形成から見た理科教育の問題点　160

第6節　「科学的探究」の教授・学習モデルに基づく事例的研究　160

6.1　授業デザインの基本的な視点　160

6.2　理科授業による事例的分析の概要　163

6.2.1　実施時期　163

6.2.2　実施対象　163

6.2.3　授業実践の概要　163

6.2.4　分析の目的と方法　165

6.3　理科授業による事例的分析の結果　166

6.4　質問紙による調査の結果　172

第7節　理科授業による事例的分析の考察　172

7.1　概念発達の検証と相互作用の存在の検証　172

7.2　教師の指導の影響の吟味　174

7.3　学習効果の判断　176

第8節　まとめ　177

第6章
科学的概念の構築を図る理科授業への提言

第1節　問題の所在　180

第2節　研究の目的　181

第3節　研究の内容　182

3.1 「科学的探究」学習と構成主義　182

　3.1.1 科学的概念の構築と「科学的探究」学習　182

　3.1.2 構成主義学習論と「科学的探究」学習モデル　183

3.2 キー・コンピテンシーにおける「共感」の位置づけ　185

3.3 コミュニケーションの理論と科学的概念構築　186

3.4 サイエンス・コミュニケーションの系譜と問題点　189

3.5 サイエンス・コミュニケーションを取り入れた理科授業改善　192

第4節　コミュニケーションを重視した理科授業の事例——鳥の巣を教材として ····· 193

第5節　まとめ ———————————————————————— 195

終　章
研究の成果と課題

第1節　研究の成果のまとめ ————————————————— 198

第2節　研究内容の妥当性 ——————————————————— 203

第3節　残された課題 —————————————————————— 204

引用・参考文献 ———————————————————————— 206

おわりに ———————————————————————————— 216

謝　辞 ————————————————————————————— 221

はじめに

　現代の高度に発達した科学技術社会において、氾濫する情報に翻弄されることなく知識を基盤とした意思決定をしていくために、市民の科学的リテラシーの重要性は増大の一途にある。また、2011年3月11日に発生した東日本大震災において、予想もしなかった地震と津波に襲われ、高度な科学技術の粋を集めた原子力発電所に事故が起きたことから、震災前に比べて国民の科学者・技術者に対する信頼は低下し（文部科学省, 2012, p.45）、我が国のエネルギー政策は原子力発電所の問題をめぐって厳しい検討がなされている。このような状況下において、よりよい未来を拓くために、一部の専門家だけでなく市民レベルにおいても様々な立場の人々が科学に関わる情報を発信・交換し、リスクマネジメントを念頭に置いた議論を交わし、これからの科学技術の在り方について合意形成を目指す意識の共有化が極めて重要な課題となっている。

　しかし、我が国の成人の科学技術についてのニュースや話題に対する関心度には上昇傾向が見られるものの、関心がある人の割合は4分の1程度と低い状況にある（文部科学省, 2011, p.62）。同様の傾向は我が国の子どもたちにも見られ、経済協力開発機構（OECD）による中学3年生を対象とした2006年の国際的な生徒の学習到達度調査（PISA）では、諸外国に比べ我が国では、理科を学ぶ意義や重要性を感じていない生徒の割合が極めて高い結果が明らかとなった（文部科学省, 2011, p.65）。このまま、子どもの科学に対する興味・関心を高めることができない状況が長く続いたならば、科学の意義や重要性を次世代に継承することが困難となり、市民の科学的リテラシーの向上を図れなくなることが懸念される。このような事態を招かないために、早急に対策を講じる必要がある。

　子どもたちが理科を学ぶ意義や重要性を感じていない原因の1つに、学校

で学ぶ理科と日常生活との乖離が挙げられる。すなわち、学校の授業におい
て、子どもが学ぶ理科がどのように私たちの役に立っているかが十分に実感
させられていないと考えられるのである。欧米諸国では学習の初期段階にお
いてブレインストーミングを行い、ある事物・現象について子どもの知って
いることや不思議だと思うことを自由討議させ、子どもたち自身に学ぶべき
ことは何かを把握させる場を設けることが多い。そして、生じた疑問に対す
る仮説を立てて科学的証拠を集めながら真理を追究してゆくのである。この
ような学習の進め方を一般的に「科学的探究」と呼ぶが、自らの疑問を解決
していく学習の展開において、子どもは学ぼうとする気持ちを持続させなが
ら主体的に理科学習に取り組んでいくようになることが期待できる。一方、
我が国の理科教育においては、教科書で示されている発問を中心に学習が進
行することが多く、子どもの知っていることや不思議だと思う事物・現象に
基づいて、子どもたちと共に学習課題を作り上げていく展開は多いとは言え
ない。子どもの知りたい事物・現象との関わりが浅い発問がなされた場合、
子どもが興味を持って主体的に学ぶことが困難になることが予想される。し
たがって、我が国の理科学習においては、学習課題に子どもの興味を向けさ
せる教師の指導技術の高さが、子どもの学習意欲の向上と持続を大きく左右
してしまいがちな実状があると言える。このような課題の解決のためには、
子どもの学習意欲を引き出す汎用性の高い授業デザインの構築が有用である
と考える。

　以上のことから、子どもが科学の意義や重要性を実感し、学習意欲を持ち
続けながら学ぶことのできる授業デザインを構築することが、我が国の市民
の科学的リテラシーの向上にとって重要な課題となっていると考えることが
できる。そこで、本書では、市民の科学的リテラシーの向上に必要な要件を
整理し、研究の基軸に「科学的探究」を据えて、子どもの科学的概念の構造
と構成、および、効果的な教授・学習モデルについて論究する。

序 章

先行研究の到達点と研究の目的

第1節　先行研究の到達点と課題

　本研究の主題は、科学的リテラシー育成に寄与する科学的概念の構築の道筋の解明である。そのために、「科学的探究」学習をどのように効果的に実施すべきであるか検討するとともに、科学と社会の接続を意識しながら学び続けられる市民の意識改革をも視野に入れている。したがって、先行研究の分野としては、科学と社会をつなぐ、いわゆるサイエンス・コミュニケーションに関わる研究領域と、「科学的探究」学習の教授・学習論に関わる研究領域に大別できる。

　サイエンス・コミュニケーションに関わってワインバーグ（Weinberg, A. M.）（1972）は、科学的知識と社会的意思決定の差異を取り上げ、両者が重なる領域、すなわち科学に問うことはできるが、科学では答えを出すことができない問題群を「トランス・サイエンス問題群」と名づけた。ワインバーグは、科学だけでなく、研究にかかる費用、労力、時間、モラルの面から研究の是非を検討し、最終的には政治的判断にゆだねる社会の仕組みの存在を示したのである。このことから、科学的リテラシーの育成の検討場面では、コミュニケーション能力の育成をも視野に入れて検討する必要があることが分かる。

　コミュニケーションについては、池田・村田（1991）が、メッセージ、ルール系、メディアの存在を明らかにし、送り手と受け手に関わるコミュニケーションを図式化した。そして、理科教育の関わるコミュニケーションについてストックルマイヤーら（2003, 序文）は、「科学というものの文化や知識が、より大きいコミュニティの文化の中に吸収されていく過程」をサイエンス・コミュニケーションとし、その在り方を検討した。その後のサイエンス・コミュニケーション研究において、廣野（2008）は、「人は興味のあることについては、砂が水を吸収するごとく知識を獲得するが、興味のないことについては、外部から強制的に知識を与えられても、その大部分ははじきかえされる」と述べるなど、近年の認知科学の成果として広く知られている構成主義学習論と同じように、知識は受け取り手の文脈で語られなければ個

序章　先行研究の到達点と研究の目的

人の中に構成されないという結論に至っている。

　今日、学校外における教育活動は拡大傾向にある。科学館だけではなく、動物園や水族館等においても、市民を対象とした啓発的活動や学校の教員と連携した教育プログラムを展開する例が増えている。また、市民と科学をつなぐ仲介者としてのサイエンス・コミュニケーターの活躍も注目されている。さらに、サイエンスカフェ等の市民と科学者等の専門家が直接対話したり科学について語り合ったりするコミュニティを構築する試みが行われている。しかしながら、サイエンス・コミュニケーションに関わる人々が、先に述べたように、知識は受け取り手の文脈で語られなければ個人の中に構成されないという理論を認知しているとは限らず、対話を重視すべきところ、専門的知識の理解に力点を置く場面も見受けられる。このような傾向は、子どもを対象とした実験教室においても同様である。科学や科学技術の一端を子どもに提示することは、子どもの視野を広げ、科学に興味・関心を持たせる効果があると期待できるが、今日の科学や科学技術は高度かつ複雑化し、外見だけでは仕組みの分かりにくい科学技術の成果物も多い。そのような状況において、科学や科学技術と日常生活との接点を意識させ、理解したことを子どもが自分の言葉で語ることが可能になるような学校外におけるサイエンス・コミュニケーションの在り方を検討することは喫緊の課題であるが、この研究領域について認知科学の視点から検討した研究成果は一瞥のところ見当たらず、今後の研究課題であると言える。

　一方、「科学的探究」学習の教授・学習論に関わって、本研究は、構成主義学習論に依拠して検討を行った。構成主義学習論の起源は、デューイ (Dewey, J.)、ピアジェ (Piajet, J.)、ヴィゴツキー (Vygotsky, L. S.) の理論に求めることができる。構成主義学習論研究の第一人者である森本・中田 (1998) によれば、デューイを起源とするピアジェ、ヴィゴツキーの理論は、①知識は個人にとって意味ある形で構成されるという点と、②人は社会的なコンセンサスを経て流通する言葉を用いていることから、他者の存在を基盤とした知識の構成が図られているという点に共通点を見いだすことができると示されている。また、森本 (1998) は、教科書等の表面に現れた公的なカリキュラムすなわち「顕在的なカリキュラム」に対する、子どもが構成する

15

固有な考え方の世界である「潜在的なカリキュラム」の承認と後者による前者の内容の組み換え作業こそが、構成主義的な立場に立って行う学習の価値づけであると述べている。このような構成主義学習論の考え方は、小川哲男（2007, pp.16-24）によって、ヴィゴツキーのZPD（発達の最近接領域）の場において、「生活的概念」と「科学的概念」が相互に関係して発達する道筋として定式化された。

　構成主義の考え方は、今日様々な領域の研究へと拡張している。その一例は、エンゲストローム（1999）や山住（2004）による文化歴史的活動理論の構築である。文化歴史的活動理論によれば、発達は、習得の達成にとどまるのではなく、古いものを部分的に破壊していく拒絶とみなされ、個人的な転換にとどまるのではなく、集団的な転換とみなされ、レベルを垂直的に超えていくことにとどまるのではなく、境界を水平的に横切っていくことであると考えられている。このような考え方に基づき、事例的研究では、集団における人と人との関係性にまで範囲を広げて検討がなされている。また、もう一例を挙げるならば、言語を中心とした認知心理学の研究者である慶應義塾大学の今井むつみも構成主義の考え方に基づき、小学校の現場の教師たちと探究型の学びをどのように現場で実践するかを、ともに「探究」する会（ITS: Inquirers Team Shonan）を立ち上げ、米国、中国、ドイツ、英国、オランダなどの研究者とチームを組んで発達・異言語比較を行っている。

　これまで述べてきた構成主義の考え方は、世界的に見ると「探究（Inquiry）」または、「科学的探究（Scientific Inquiry）」に依拠した授業デザインの基盤となってきた。そこで、構成主義学習論を検討する上で、その具体例である「探究」的な学習の授業デザインの先行研究を米国の事例に焦点化して調査した。

　米国では、『全米科学教育スタンダード』（NRC, 1996）の増補版として"Inquiry"の具体的事例に基づいた解説書（NRC, 2000）が刊行されている。この解説書によれば、どの学年においても、"Inquiry"は次の5つの教授・学習要素から成り立っている。

　①学習者が科学的な質問に興味を持つ。

　②学習者は質問に答えるための証拠に優先順位をつける。

③学習者は証拠に基づいて明確に説明する。

④学習者は自分たちの説明と科学の知識とを結びつける。

⑤学習者は他の人に説明とその正しさを伝える。

このような "Inquiry" の考え方は、米国の新しい科学教育スタンダード、*Next Generation Science Standards*（NGSS Lead States, 2013）において、次の8つの段階へと引き継がれている。

①（科学的に）疑問を持ち、（工学的に）問題を明確にする。

②問題を解き、モデルを用いる。

③計画を立て、さらに実験方法を考える。

④分析し、データを読み取る。

⑤数学的、コンピュータ的な考え方を用いる。

⑥（科学的な）説明を考え、（工学的に）解答を導き出す。

⑦証拠に基づき議論する。

⑧情報を得て、それを評価し、情報交換をする。

また、これらの米国のスタンダードに準拠した教育プログラムであるFOSS の「科学的探究」に関わって小倉（2001, pp.81-82）は、その特徴として次の4点を指摘している。

①ハンズオン（実際的な体験的）アプローチによって子どもは探索し、実験し、データを収集し、結果を整理し、結論を導き出す。このような活動が子どもの科学的な思考力の成長を促すと考えられている。

②教材の自由な探索、見つけたことについて討論する中での用語の導入、さまざまな考え方の露呈、概念を強化するための補足の経験という、一定の順序に従った学習サイクルが存在する。用語は、子どもが直接経験をした後の状況で導入される。

③五感のすべてを観察に用いて、より良い理解を導こうとしている。

④小学校低学年では、一人に一つずつ教材を持たせながらも、他の子どもと席を近づけることで、気付いたことや分かったことを言い合えるように配慮している。また、小学校中学年以上では、学び合える集団の形成を重視している。

このように FOSS に位置づけられる「科学的探究」は、長年にわたる実

践的研究をもとに、①ハンズオンアプローチ、②学習サイクル、③五感の活用、④子ども相互の学び合い、が重要であると特徴づけられた。

しかし、米国では、英語、数学に関わる「各州共通基礎スタンダード（*Common Core State Standards*）」が公示され、州のフレームワークに大きな変更が起こり、現場の教師はその理解と運用に時間を割いていることから、構成主義学習論に依拠した「探究」的な学習の浸透にはまだ時間がかかるものと考えられる。

近年、我が国の「探究」の研究においては、中山（2011）が「科学的論述力」育成の観点から、「探究」における「問い」の重要性について指摘している。中山は、問題解決の流れを意識し、思考と表現を一体化させる授業デザインの重要性を提唱している。また、東京コミュニティスクール校長の市川（2009）は、インターナショナル・バカロレアのカリキュラムを参考にし、「習得」と「探究」の相互作用について、事例的研究によって明らかにしようとしている。

このように、「構成主義学習論」や、「探究」に関わる研究は多く、「構成主義学習論」と「科学的探究」を関連づける先行研究は散見される。しかし、我が国には小学校第1学年および第2学年において理科教育がなく、小学校第1学年からの理科教育を研究の対象とした先行研究は少なく、今後もこの傾向は続くものと考えられる。そこで、欧米のカリキュラムデザインや具体的な教材、事例的研究を参考にして、我が国の子どもの小学校低学年からの理科教育の在り方について総合的に検討することは極めて重要な意義を持つものと考えられる。

また、構成主義学習論に依拠した科学的探究の過程における学習のモデルの活用に関わる近年の研究では、和田・森本（2014）の表象ネットワーク構造のモデルの活用によって子どもが自律的に科学概念を構築する理科学習を確立させるための教授方略を検討した研究がある。しかし、この研究の事例的研究の対象が高等学校の生徒であり、類似の研究においても構成主義学習論に依拠した小学校低学年を視野に入れた授業デザインの有用性を検証した研究は、一瞥のところ見当たらない。したがって、本研究によって小学校の生活科および理科に「科学的探究」を組み込み、授業改善への指針を示すこ

とは有用であると考えられる。

　以上のことから、サイエンス・コミュニケーションにおいても、構成主義学習論の視点から検討した理科教育においても、知識（または、科学的概念）は、受け取り手の文脈で語られなければ個人の中に構成されないし、人は社会的なコンセンサスを経て流通する「言葉」を用いていることから、他者の存在を基盤とした双方向性のコミュニケーションの活性化によって知識（または、科学的概念）の構成が促進されることが示唆されている。しかし、このような理論が存在するものの、教育現場において教師が使用しやすいモデルとして普及するには至っておらず、教師は理科を教えるための指針が明確に与えられているとは言い難いのが実状であり、教授・学習理論の普及と活用に課題がある。また、我が国では、小学校低学年の理科教育の在り方について議論する土壌が育っておらず、事例的研究の報告がほとんどない点も大きな課題であると指摘できる。

　したがって、小学校低学年を視野に入れた「科学的探究」学習のモデルを検討し、事例的研究によって検証し、サイエンス・コミュニケーションを視野に入れた包括的なモデルを提起することは、我が国の市民の科学的リテラシー向上への提言になると考える。

第2節　本書の構成

　本書は全6章で構成されている（序章と終章を除く）。以下にその概要をまとめた。

　第1章では、市民の科学的リテラシーの重要性と我が国の理科教育の課題を整理し、理科教育における「科学的探究」学習の有用性について検討した。その結果、子どもの発達課題としては、主に、自然体験と生活体験の不足、現象を科学的に説明する能力の不足、理科に対する関心の低さが挙げられることが分かった。また、我が国の子どもたちの学習が受動的になりがちであることも明らかとなった。

第2章では、構成主義学習論の視座から、我が国と米国の「探究」「科学的探究」に関わる学習理論の変遷を整理し、その教育理念を探った。その結果、「問題解決学習」「系統学習」「探究」を融合させ、目指すべき「探究」を基盤とした小学校の理科教育をデザインしていくことが極めて重要であることが明らかとなった。

　第3章では、子どもの自然認識の発達の視座から、生活科における「科学的探究」学習の有用性について検討を行うため、理科教育における自然認識の拡張モデルを構築した。さらに、生活科の授業デザインの構築を図り、その有用性を事例的研究によって検証した。その結果、子どもの自然認識は垂直的相互作用と水平的相互作用という2つの作用の相乗効果によって発達することが明らかとなり、教授・学習においてもこの両作用を意識することが重要であることが示唆された。また、生活科における「科学的探究」学習によって、子どもの自然認識の発達に向けた意識化が図られることが示唆された。

　第4章では、米国の「科学的探究」の考え方を取り入れて授業デザインの構築を図り、子どもの科学的概念構築の道筋を事例的研究によって検討した。その結果、「空気」と「風」の学習をつなぐ授業デザインによって、小学校低・中学年の子どもの「風」に関わる科学的概念の構築に向けた意識化が図られることが示唆された。

　第5章では、第3章で提起した授業デザインと第4章の科学的概念構築の道筋の研究成果を踏まえ、小学校第3学年を対象に新たな教授・学習モデルを構築した。そして、事例的研究によってモデルの有用性を検証した。その結果、言葉や教材を媒介とした子ども同士の水平的相互作用と、教師と子どもとの垂直的相互作用の双方が促進されることが示唆され、子どもの科学的概念の構築に向けた意識化の道筋が明らかとなり、提起した教授・学習モデルの有用性を示すことができた。

　第6章では、市民の科学的リテラシー向上につながる理科教育の充実という視座から教育の場を学校だけに限定せず広く社会に求め、学校と社会を接続し、双方向性のあるコミュニケーションを活発化させることによって子どもの科学的概念の構築を促進させる、「科学的探究」学習の在り方を提起し

た。その結果、子どもが実社会との接続を意識するだけでなく、他の子どもや教師と「共感」しながら学習することによって、生きる価値を考える有意味学習への契機となり得る可能性が示唆された。

第1章

市民の科学的リテラシー向上につながる「科学的探究」学習の在り方の検討

第1節　問題の所在

　現代の高度に発達した科学技術社会において、氾濫する情報に翻弄されることなく知識に基づいた意思決定をしていくために、科学的リテラシーの育成は重要性を増しており、理科教育の果たすべき役割は大きい。

　科学的リテラシーとは、『全米科学教育スタンダード』（NRC, 1996, p.27）によれば、「個人的な意思決定、または市民的および文化的な活動への参加、そして経済生産力の向上のために必要になった、科学的概念およびプロセスについての知識および理解のこと」であると述べられている。さらに、科学的リテラシーの育成においては、「探究としての科学（Science as Inquiry）」が重要であると指摘され（NRC, 1996, p.95）、探究に関するスタンダード（NRC, 2000, p.18）は、「探究を行う（To Do Scientific Inquiry）能力」と、「科学的探究（Scientific Inquiry）について理解を深めるための能力」に重点を置いている。

　我が国において科学的リテラシー育成の重要性が盛んに指摘されるようになった背景には、国立教育政策研究所による平成13年度および15年度「教育課程実施状況調査」、IEA（国際教育到達度評価学会）による「TIMSS2003調査」、OECD（経済協力開発機構）による「PISA2003調査」および「PISA2006調査」、国立教育政策研究所による平成17年度「特定の課題に関する調査結果」が背景にある。このような背景を受け止め、中央教育審議会教育課程部会の理科専門部会は、日本の理科教育の改善について検討した。このことに関わって、日置（2008）は、平成20年1月に示された中央教育審議会答申に基づき、科学リテラシー育成の視点から、日本の理科教育の課題について、次の6点を指摘している。

　　・子どもは理科の学習が大切であるという意識は高くない。また、国際的に見て理科の学習に対する意欲が低い傾向がある。
　　・国民の科学に対する関心が低い。
　　・理科の学習の基盤となる自然体験、生活体験が乏しくなってきている現状がみられる。
　　・内容の基礎的な知識・理解が十分ではない状況がある。

・科学的な思考力・表現力が十分ではない現実がある。

・「科学的証拠を用いること」に比べ、「科学的な疑問を認識すること」や「現象を科学的に説明すること」に課題がみられる。

　これらの課題の改善を図るため、2008年1月17日に公示された中央教育審議会答申（2008）『幼稚園、小学校、中学校、高等学校及び特別支援学校の学習指導要領等の改善について』では、理数教育の充実の必要性が強調され、理科教育の改善の基本方針として、「探究的な学習活動を充実する方向で改善する」と述べられている。これを受けて、平成20年6月に公示された『小学校学習指導要領解説理科編』（文部科学省, 2008a）では、「理科の学習で重要なことは、児童が主体的に問題解決の活動を行い、その学習の成果を生活とのかかわりの中でとらえ直し、実感を伴った理解ができるようにすることである」と具体的に述べている。

　また、『小学校学習指導要領解説生活編』（文部科学省, 2008b）においても、科学的なものの見方・考え方の基礎が養われることを期待し、3年生以降の理科教育につなぐ必要があると述べるなど、これまでにない改善の方向性を示している。

　このような理科教育および生活科の学習の改善点を踏まえると、子どもの学習の具体的な姿である「探究的な学習活動」の在り方を検討することが課題となってくる。しかし、日本における「探究的な学習活動」の捉え方は多様であり、一定の方向に定義づけられているとは言い難い。このような学習指導要領の改善のもとで理科の授業時間数が増えたとしても、「探究的な学習活動」の在り方が検討されなければ、我が国の子どもの科学的リテラシー育成が十分に図られるかどうかは疑問である。なぜならば指導内容の基礎的な知識・理解に着目する教師は、知識の注入を意図するような学習方法を選択し展開しかねないし、「探究」という言葉の持つイメージから、子どもの「探究心」だけを重視する教師は、「はいまわる経験主義」の教育のように、子どもに何を身につけさせたいのか明確な目的のないまま、理科の学習を展開しかねないからである。

　さらに、我が国の子どもたちには理科教育の基盤となる自然体験や生活体験の減少傾向が見受けられる。このような状況下では体験と学習内容とが乖

離し、科学的リテラシーの育成が十分に図れないことが懸念される。このことを踏まえ、2008 年改訂の『小学校学習指導要領』では、学習内容を実生活と関連づけ実感を伴った理解を図ることの重要性が示された。具体的には、問題解決の能力や自然を愛する心情を育て、自然の事物・現象についての実感を伴った理解を図り、科学的な見方や考え方を養うことを実現するために、「風やゴムの働き」や「電気の利用」など 14 項目に及ぶ内容が追加され、観察・実験や自然体験の充実を図るように改善がなされたのである。

これまで述べてきたことから分かるように、我が国においては理科教育を充実させるべく施策が推し進められているが、新しい学習指導要領下で理科教育を実践することに対して不安を感じている教師は多い。2010 年に小学校教諭 2688 人を対象にベネッセコーポレーション教育研究開発センター（2010）が実施した調査報告書では、理数教育の充実の実践に、教師の約 48％が不安を感じていることが示された。不安の背景として、子安（2010）は、教材準備に時間が取れないことや、教える内容の増大に見合う授業時間数が確保できないことなどを指摘している。

日常経験と学習内容とを関連づけ、実感を伴った理解を促すことは、言い換えれば、子どもの科学的概念の発達を積極的に促すことである。しかし、多忙さを感じる小学校教員が多い現状において、効果的に子どもの科学的概念の発達を促す教材や授業デザインを検討する時間を確保することは容易なことではない。したがって、子どもの科学的概念の発達の構造と構成を明らかにし、科学的リテラシー育成に寄与する汎用性の高い科学的概念の発達のモデルを構築することが課題となっているのである。

第 2 節　研究の目的

本章の研究では、科学的リテラシー育成の視座から、市民の科学的リテラシーの重要性と、我が国における「科学的探究」学習の課題を探ることをねらいとする。

そのため、第一に、市民の科学的リテラシー育成の方策について、サイエ

ンス・コミュニケーションの視点から整理する。第二に、我が国の理科教育
における課題について、中央教育審議会答申の視点から整理する。第三に、
「科学的探究」学習の有用性について PISA2006 年調査の解釈の視点から検
討し、「科学的探究」学習を進める上での課題を明らかにする。

第3節　市民の科学的リテラシーの重要性

3.1　科学と社会の重合領域の拡大

　新しい科学技術の利用に関わって、市民の科学的リテラシー育成の重要性
については論をまたない。しかし、科学技術の利用の在り方についての正し
さは、科学だけでなく、社会の道徳的・倫理的枠組みの中で捉えられる。ワ
インバーグ（Weinberg, A. M.）（1972）は、科学的知識と社会的意思決定の差
異を取り上げ、両者が重なる領域、すなわち科学に問うことはできるが、科
学では答えを出すことができない問題群を「トランス・サイエンス問題群」
と名づけた。ワインバーグは、科学だけでなく、研究にかかる費用、労力、
時間、モラルの面から研究の是非を検討し、最終的には政治的判断にゆだね
る社会の仕組みの存在を示したのである。
　ワインバーグが「トランス・サイエンス問題群」を研究対象とした時代背
景について、神里（2009）は、中東戦争と連動した石油危機や、枯れ葉剤、
レイチェル・カーソンの著書『沈黙の春（*Silent Spring*）』に象徴される環境
問題に対する意識の高まりなど、科学全般に対する信頼の喪失があったと指
摘している。杉山（2007）は、トランス・サイエンスの領域を、図 1.3.1 の
ように示し、問題群の解決のためには、市民が意思決定に参画することが求
められていると指摘している。
　平川（2010, p.77）は、トランス・サイエンス領域が増大する要因として次
の 2 点を挙げている。
　・「科学の不確実性」の増大。
　・科学や技術が社会の中の利害関係や価値観の対立と深く関わるように

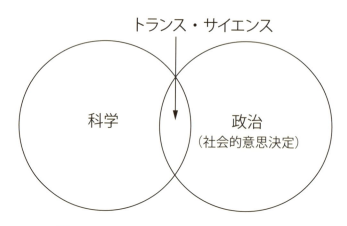

図1.3.1 トランス・サイエンス領域（杉山, 2007）

なったこと。

　1点目の「科学の不確実性」は、正しいと考えられていた科学が、必ずしも正しくはなく、新しい事実の発見によって時代とともに変化する性質があることを市民が認識したことによって強く意識され始めている。近年、加速度的に科学が複雑化し、科学技術の発展や地球環境の変化の速度が速まっていることによって「科学の不確実性」を認識せざるを得ない場面が多数出現していることが、トランス・サイエンスの増大を促進させていると考えることができる。

　2点目の利害関係や価値観の対立は、遺伝子組み換え作物等の事例に当てはめて考えることができる。遺伝子組み換え作物については、安全性や環境に対する影響、生命を操作するという観点からの生命倫理問題など、賛否が分かれる状況にある。しかし、低コストで病気に強い作物が作れるという利点から研究費が集まりやすい。このような社会的制約の中で科学が発展することを考えると、科学は社会に存在する利害関係や価値観の影響を強く受けていると考えることができる。また研究開発によってもたらされた新しい技術の使用にあたっては法で規制されることも考えると、科学と政治の重合領域であるトランス・サイエンスはより複雑化する方向にあることから、今後トランス・サイエンスを注視すべきであると言える。換言すれば、科学的リ

テラシーには、科学以外の領域と関連を図ることのできる柔軟な思考力を含むべきだと捉えることができる。

3.2 「科学の不確実性」と「リスク」の伝達

「科学技術学書（平成24年度版）」（文部科学省, 2012, pp.44-45）によれば、東日本大震災前は、「科学技術の研究開発の方向性は、内容をよく知っている専門家が決めるのがよい」との意見について、「そう思う」と回答した者が59.1％であったのに対して、震災後は19.5％へと3分の1程度にまで激減している。一方、震災後、専門家に対して「科学者・技術者の発言に対する国民の信頼はどうなっていると思うか」との質問には、「信頼している」または「どちらかといえば信頼している」を選択した専門家は約44％であり、「信頼していない」または「どちらかといえば信頼していない」を選択した専門家（約39％）よりも多い。このことについて、文部科学省（2012, pp.44-45）は、「震災後に国民の科学者・技術者に対する信頼感が低下し、研究開発の方向性の決定を専門家のみに任せておけないと考えている国民が激増しているのに対して、専門家一般はそこまで深刻に捉えていないように見える」と、専門家の認識不足を指摘している。専門家は、科学者・技術者の発言には客観性があることから、多くの人が自分と同じように科学者・技術者の発言を信頼するはずだと捉える傾向が強いのだと言える。そこで、これからは、一部の専門家の助言に基づいた意思決定をするのではなく、「科学の不確実性」と「リスク」を踏まえた複数の領域にまたがる専門家集団の助言が、政府や社会に対して適切になされるべきである。しかし、文部科学省（2012, p.94）は、「リスクや不確実性が伴う政策課題について、科学技術政策の意思決定に当たっては、科学的知見に加えて社会経済的な視点も加味した総合的判断、例えば、その政策判断によって得られる効果や利益と、同時に生じ得るリスクをどのように比較するか、といった比較考量が必要となるため、なおさらその見解は、専門家によって異なることになりがちである」と述べている。したがって、専門家集団は、社会的な意思決定を問う段階で、「科学の不確実性」と「リスク」を明らかにし、科学的知見の限界を政府や

社会に対して広く示す必要がある。なお、「科学の不確実性」の伝達について、草深（2008）は、「種々の不確実性をはらむ問題を、科学技術ジャーナリズムがどのように報道するかによって、報道を受ける側の不確実性に対する認識が、大きく影響されうる」と、報道の重要性を指摘している。

　市民が意思決定する上で、「科学の不確実性」や「リスク」について必要な情報を十分吟味することが重要であるが、専門家によってそれらの見解が異なったり、情報の開示の度合いが異なったりすることや、ジャーナリズムの報道の在り方が情報の発信者の考えに左右されることを考えると、市民は情報の確からしさを見極める科学的リテラシーを有さねばならないと言える。そのためには、一定の科学的知識もさることながら、他人の考えや報道に流されることなく、科学的に物事を判断できるようなスキルを身につけていなければならない。このことを学校における理科教育に適用させるならば、時代とともに科学の確からしさには変遷があり、これからも科学の確からしさは変わる可能性があるので、私たちの意思決定には「科学の不確実性」と様々な可能性を視野に入れた、リスクマネジメントを念頭に置いた統計的・確率的な考え方を用いるべきであることを体得するようなカリキュラムの整備が必要であると考えられる。また、理科教育をはじめ、他教科においても日常的に批判的思考（Critical Thinking）を活用する場面を設け、互いに議論を深めていくような学習を展開することが有効であると考えられる。

3.3　サイエンス・コミュニケーションの深化に向けた方向性

　科学技術と社会の関係について、平川（2010, pp.126-127）は、科学技術が社会に影響し、社会を変えるというだけでなく、逆に、社会が科学技術に影響し科学技術を変えるというベクトルについても考える相互形成的な関係や、科学技術というシステムと、政治や経済など社会的システムの間に「相互浸透」が起きているという考え方を紹介し、科学技術と社会の関係は、共につくりかえられる深いレベルの関係として見るべきであると指摘している。このことから、サイエンス・コミュニケーションの深化は、社会的な必要に迫られて様々な分野で自然発生的に起きていると捉えることができる。

第1章 市民の科学的リテラシー向上につながる「科学的探究」学習の在り方の検討

　我が国の第3期科学技術基本計画（平成18～22年度）の「第4章 社会・国民に支持される科学技術」（閣議決定, 2006）では、サイエンス・コミュニケーションの深化に向けた方向性について次の5点が挙げられている。

- ・人材の育成、確保、活躍の推進。社会のニーズに応える人材（科学技術コミュニケーター等の）育成。
- ・科学技術が及ぼす倫理的・法的・社会的課題への責任ある取り組み。
- ・科学技術に関する説明責任と、情報発信の強化。
- ・科学技術に関する国民の意識の醸成。
- ・国民の科学技術への主体的な参加の促進。

　このことに関わって、文部科学省（2011, p.56）は、「これまで、政府は、自らの取り組みについて理解を求めるといった一方向のコミュニケーションになりがちであったと指摘されている。今後求められる科学技術に対する国民の理解と信頼と支持という地平にどのようにたどり着くのか、双方向コミュニケーション活動の一層の拡大等、対応すべき課題は多い」と、乗り越えるべき課題を明らかにしている。このことから、市民参加型の取り組みに対する支援をますます強化し、国策として双方向コミュニケーション活動を推進しようとする方向性にあることを読み取ることができる。

　以上のことから、市民の科学的リテラシーの重要性はもちろんのこと、その育成には、知識の伝達だけでなく、「科学の不確実性」と「リスク」の伝達を図ることのできるサイエンス・コミュニケーションが重要であることが明らかとなった。

第4節　我が国の理科教育の課題

4.1　我が国の理科教育の課題と方向性

　科学的リテラシーの育成において、学校教育の果たすべき役割は増大の一途にある。

31

2008年1月17日に公示された中央教育審議会『幼稚園、小学校、中学校、高等学校及び特別支援学校の学習指導要領等の改善について』の答申（2008、以下、答申）では、理数教育の充実の必要性が強調されている。その背景にはPISA調査がある。答申ではPISA調査の結果について、次の資料を取り上げ、我が国の理科教育の問題点を浮き彫りにしている。

　「2006年に実施されたOECDのPISA調査では、『科学を必要とする職業に就きたい』と回答した我が国の生徒の割合は23％（OECD参加国の平均は37％）、『大人になったら科学の研究や事業に関する仕事がしたい』は17％（同27％）となっており、それぞれOECD参加国の平均よりも低い。また、30歳時に科学に関連した職に就いていることを期待している生徒の割合はOECD参加国平均が25.2％であるのに対して我が国は7.8％であった。このような結果については、学校教育だけの問題ではなく、研究者や技術者といった科学に関連した職に対する社会全体の処遇の在り方についても検討する必要があるとの指摘がなされている」（答申、2008）。

　また、理数教育の必要性と課題について、答申は次のように指摘している。

　1990年代半ば以降、ライフサイエンスやナノテクノロジー、情報科学等の分野などを中心に学術研究や科学技術をめぐる世界的な競争が激化した。このような競争を担う人材の育成が各国において国力の基盤として認識され、国際的な人材争奪競争も現実のものとなっている。他方、少子・高齢化といった我が国の人口構造の変化のほか、環境問題やエネルギー問題といった地球規模での課題については、次世代へ負の財産を残さず、人類社会の持続可能な発展のために科学技術に何ができるかが問われている。

　このため、次代を担う科学技術系人材の育成が重要な課題になっているとともに、科学技術の成果が社会全体の隅々にまで活用されるようになっている今日、国民一人一人の科学に関する基礎的素養の向上が喫緊の課題となっている。

　学校教育においては、科学技術の土台である理数教育の充実が求めら

第1章　市民の科学的リテラシー向上につながる「科学的探究」学習の在り方の検討

れているが、（中略）国際的な比較において、我が国の子どもたちは算数・数学や理科について、学習に対する積極性が乏しく、得意だと思う子どもたちが少ないなど学習意欲が必ずしも十分ではない。また、希望の職業につくために数学や理科で良い成績を取る必要があると思う子どもが国際的に見て少ないことなど職業とのかかわりに関する意識にも大きな課題がある。

(答申, 2008)

さらに、答申では、理数教育の充実のために改善すべき点の1つに、次のように項目を挙げている。

　算数・数学や理科については、授業時数を増加し、基礎的・基本的な知識・技能の確実な定着のための学年間や学校段階間での反復学習などの繰り返し学習、思考力や表現力等の育成のための観察・実験やレポートの作成、論述、数量や図形に関する知識・技能を実際の場面で活用する活動などを行う時間を十分確保する必要がある。これらを通じ、分かる喜びや学ぶ意義を実感することが算数・数学や理科に対する関心や学習意欲を高めることにつながる。また、関心や意欲を高める上では、総合的な学習の時間において、例えば、博物館等との連携による体験的な学習や、科学的な知識を活用したものづくりや探究的な活動を行うことも効果的である。

(答申, 2008)

ここで注目すべき点は、授業時間数の増加に言及していることと、習得・探究・活用をバランスよく組み入れることの必要性が述べられていることである。そして、答申では、具体的に理科の改善の基本方針として5点示された。要約すると次の通りである。

・子どもたちが知的好奇心や探究心をもって自然に親しみ、目的意識をもった観察・実験を行うことにより、科学的に調べる能力や態度を育てるとともに、科学的な認識の定着を図り、科学的な見方や考え方を養うことができるようにする。

・科学的な概念の理解と定着のため、概念の柱を「エネルギー」「粒子」

「生命」「地球」とし、小・中・高等学校を通じた内容の構造化を図る。
・科学的な思考力・表現力の育成を図る。例えば、観察・実験の結果を整理し考察する学習活動、科学的な概念を使用して考えたり説明したりする学習活動、<u>探究的な学習活動を充実させる。</u>
・科学的な知識や概念の定着を図り、科学的な見方や考え方を育成するため、観察・実験や自然体験、科学的な体験を一層充実させる。
・理科を学ぶ意義を実感させる。科学への関心を高めるため、実社会・実生活との関連を重視する。環境教育の充実を図る。　　　　　（下線筆者）

この答申を受けて改善された事項について、平成 20 年 6 月に示された『小学校学習指導要領解説　理科編』（文部科学省, 2008a）における記述は、次のように要約できる。

・領域を「物質・エネルギー」、「生命・地球」の 2 つとする。
・理科の学習総時間数を、350 時間から 405 時間に増やし、第 3 学年の「物と重さ」など、新たに 14 項目について、指導内容を追加する。
・理科の授業時数の増加に伴って追加された新たな学習内容について、内容の系統性という新たな視点を背景として指導の工夫と改善が必要となる。また、新たな教材研究とともに、指導法の開発が必要なものもある。
・観察・実験において結果を表やグラフに整理し、予想や仮説と関係づけながら考察を言語化し、表現することを一層重視する。
・各学年で育成すべき問題解決能力はこれまでのものを踏襲するが、第 6 学年では、中学校との接続も考え見直す。
・第 3 学年では、ゴムで動くおもちゃを作る活動を通して、<u>生活科との関連を考慮した科学的な体験の充実を図る。</u>また、身近な自然の観察を通して、生活科との関連を考慮した自然体験の充実を図る。
・環境教育という観点から、学習の充実を図る。
・現行で課題選択の扱いとなっていた内容は、課題選択を見直し、中学校に移行する以外はすべて小学校で学習する。　　　　　（下線筆者）

これらの改善の内容で注目すべき点は、学習内容の系統性を重視していることと、授業内容が大幅に追加されたこと、生活科との関連を重視していることである。しかし、答申（2008）で指摘のあった「<u>探究的な学習活動を充</u>

実させる」という文言は、『小学校学習指導要領解説　理科編』（文部科学省,
2008a）には示されなかった。

4.2　我が国の生活科と理科の接続の課題

　本研究は、科学リテラシー育成の観点から、理科と生活科を融合した理科
教育について検討する必要があると考える。そこで、学習指導要領における
生活科の改善点も、日本の理科教育を考える上で重要な視点となる。
　答申（2008）で指摘のあった生活科の課題は、次の5点に要約される。
・学習活動が体験だけに終わっている。また、気付きを質的に高める指導
　が十分に行われていない。
・児童の知的好奇心を高め、<u>科学的な見方・考え方の基礎を養う</u>ための指
　導の充実を図る必要がある。
・安全教育を充実させる必要がある。また、生命の尊さや自然事象につい
　て体験的に学習することを重視すべきである。
・小1プロブレムなど、学校生活への適応を図ることが難しい児童の実態
　があることを受け、幼児教育と小学校教育との具体的な連携を図る。

（下線筆者）

この中で、注目に値するのは、生活科の指導のねらいとして「<u>科学的な見
方・考え方の基礎を養う</u>」という視点を持つべきであるという考え方が提言
されたことである。しかし、平成20年6月に示された『小学校学習指導要
領解説　生活編』（文部科学省,2008b）には、生活科の学年の目標、内容、解
説を通して、「科学的な見方・考え方の基礎」という文言は加わらなかった。
科学的な見方・考え方の基礎を養うことに関連のある改訂の趣旨は、下記の
2点である。
　第1章 総説　2生活科改訂の趣旨
（2）改善の具体的事項
（ア）自分の特徴や可能性に気付き、自らの成長についての認識を深めた
　　　り、気付きをもとに考えたりすることなどのように、児童の気付きを
　　　質的に高めるよう改善を図る。その際、例えば、見付ける、比べる、

たとえるなどの多様な学習活動の充実に配慮する。

(ウ) 中学年以降の理科の学習を視野に入れて、児童が自然の不思議さや面白さを実感するよう、遊びを工夫したり遊びに使うものを工夫して作ったりする学習活動を充実する。例えば、動くおもちゃを工夫して作って遊ぶ活動、ものを水に溶かして遊ぶ活動、風を使って遊ぶ活動などを行うよう配慮する。

これらの記述から、小学第1・2学年においては、科学的な見方・考え方の基礎を養うこと自体は目標とせず、気付きを質的に高めたり自然の不思議さや面白さを実感する体験をさせたりすることによって、包括的に様々な子どもの様々な力を伸ばそうとする考えを読み取ることができる。

生活科と第3学年の理科との関連については、「第5章 指導計画の作成と学習指導」「第2節 年間指導計画の作成」「5 2年間を見通し立案する」に、次のように示されている。

生活科における身近な人々や社会、自然の事物や現象に直接触れる学習は、社会科や理科の学習内容に関連している。（中略）

しかし、このような関連を踏まえつつも、ことさら知識や理解の系統性に目を奪われることがあってはならない。一見同じように見える活動でも、学習のねらいはそれぞれに異なっている。（中略）「遊びに使うものを工夫して」つくる活動でも、児童の思いや願いを大切にした多様な活動を行う中で、「その面白さや不思議さ」に気づくことが重視され、限定された特定の素材の働きや性質などを学ぶこととは異なる。

このように、社会科や理科、総合的な学習の時間等との違いや関連を理解しつつ、生活科のねらいを実現させていくことが大切である。このことが、第3学年以上の学習に発展していく。

（文部科学省, 2008b, 下線筆者）

この記述の、「知識や理解の系統性に目を奪われることがあってはならない」という部分から分かるように、生活科では、系統的な学習よりも子ども一人ひとりの自立の基礎を重視していると言える。

理科と生活科の学習指導要領の記述を見比べると、理科では「生活科との関連を考慮した科学的な体験の充実を図る」といったように、生活科で行った学習内容を発展的に繰り返すことで科学的な体験の観点から連携を図ろうとしているのに対し、生活科では、教師に理科との違いを理解させ、特定の素材の働きや性質を系統的に学ぶことを避けさせようとするねらいがあることが分かる。

生活科において気付きを質的に高める指導を行えば、子どもが特定の素材の働きや性質に目を向け、科学的な考え方を発話する場面が生じることが予想される。しかし、子どもの思いや願いを重視し、特定の素材の「面白さや不思議さ」に気付いたことに限定し続けるならば、子どもの中に芽生えた特定の素材の「働きや性質」への気付きという、科学的な考え方の基礎への焦点化の機会は減少し、それらを見いだすことへの子どもの意欲の減衰にも影響が及ぶことが懸念される。

このように、生活科と理科の接続の在り方として、自然の事物・現象に触れ科学的な体験をさせることだけに終始するならば、生活科の課題として答申（2008）で指摘のある「学習が体験だけに終わっている」ことへの改善は図れず、科学的リテラシー育成の観点から、生活科から理科への緩やかな接続が十分に果たされないと指摘することができる。

小学校第3学年以上の理科においては、授業時間数と学習内容が増えたことで、科学リテラシー育成の機会が多くなると考えられる。しかし、英国、米国では、国策として5歳からの理科教育の推進を図っていること、科学技術への理解を促すようにカリキュラムがデザインされていること、音や光について学習する機会が日本よりも充実していることなどから考えると、我が国の小学校の理科教育は、科学的リテラシー育成を促すのに必ずしも十分な授業時数が確保できているとは言い難い。また、理科教育が始まる小学校第3学年では、春から夏にかけて季節と生物に関する学習を行う機会が多くなるように教科書が編纂されていることから、実質的に電気や磁石などの物理に関わる学習は第3学年の秋以降に集中して行われることが多い。季節や生物に関わる学習は重要であるが、物理に関わる学習は、季節や生物に関わる学習よりも、事物・現象の性質と働きを単純化して検証しやすいという特長

があり、比較や因果関係の検証といった科学的探究の基礎の観点から、小学校低学年から扱うことが望ましい学習の領域であると考えられる。したがって、現行のカリキュラムでは、小学校低学年から科学への理解増進の機会が不足していることが懸念される。

第5節 「科学的探究」学習の有用性と学校教育における課題

5.1 「科学的探究」学習の有用性

　国立教育政策研究所の教育課程実施状況調査に関わって、五島（2008）は、教育課程状況調査は、我が国の学習指導要領に示された内容を子どもがどの程度身につけたかを測定することを目的として実施されると紹介し、この調査によって、理科は子どもが好きな教科であり、観察・実験に興味を示す児童生徒が多いにも関わらず、自ら課題を見つけ、観察・実験の方法を立案し考察・結論まで至る問題解決のプロセス全体としては課題があることが示されたと述べている。

　PISA調査とTIMSS調査との違いについて、国立教育政策研究所総括研究官の猿田（2008）は、「PISAで測定しようとする能力は、義務教育を終え、社会に出て行く段階で身につけておくべき知識・技能である。それらは、生涯にわたって生活をするために必要不可欠であり、さらに言えば、社会に出てからも維持・発展させなければならない能力である。学校での授業を離れ、実生活や実社会で活用できる能力として科学的リテラシーを位置付け、測定しようとしているのである。それに対してTIMSSでは、小・中学校の理科で学習する基本的な科学的知識・概念や観察・実験の技能がどのくらい身に付いているか、義務教育を受けている途中での到達度を明らかにしようとしている」と述べている。これらのことをまとめて端的に述べるならば、PISAが、科学的リテラシーを中心的な調査項目としているのに対して、教育課程実施状況調査とTIMSSは基礎学力を測定しようとしていると捉えることができる。そこで、我が国の学校教育の課題に迫るために、科学的リテ

ラシーを重点調査項目の1つに設定した、PISA2006年調査を詳しく見ていくことにする。

　PISA2006年調査には、日本の高校生約6,000人が参加し、世界全体では加盟国を中心とする57の国と地域の約40万人が参加した。測定した学力の分野は、読解リテラシー、数学的リテラシー、科学的リテラシーの3点である。三宅（2008）は、PISA2006年調査に際して科学的リテラシーの定義および特徴は次の4点であると述べている。

・疑問を認識し、新しい知識を獲得し、科学的な事象を説明し、科学が関連する諸問題について証拠に基づいた結論を導き出すための科学的知識とその活用。

・科学の特徴的な諸側面を人間の知識と探究の一形態として理解すること。

・科学とテクノロジーが我々の物質的、知的、文化的環境をいかに形作っているかを認識すること。

・思慮深い一市民として、科学的な考えを持ち、科学が関連する諸問題に、自ら進んでかかわること。

上述のように、科学的リテラシーには、単なる科学的知識の理解と活用のみならず、我々の生活と科学との結びつきの認識や自ら科学に関わろうとする態度をも包含されている点は注目に値する。

　PISA2006年調査の結果について新聞報道などでは、日本の国際的な順位は低下したと報じられ、学力が低下したとの懸念が広がった。2007年12月5日付読売新聞では、「2位から6位に転落したことが明らかになっている『科学的応用力』に加え、『数学的応用力』が6位から10位へ、『読解力』も14位から15位へと全分野で順位を下げた。今回の対象は、詰め込み教育からの脱却を狙った『ゆとり教育』で育った世代で、日本が最も得意としてきた理数系で世界のトップレベルから転落したことは、今年度末に改定予定の次期学習指導要領に影響を与えそうだ」と報じられた。

　このような報道に対して、国立教育政策研究所総括研究官の小倉（2008a）は、「今回の調査は前回までと評価の枠組みが異なるために直接比較はできない。全体としてはOECD（経済協力開発機構）諸国のなかで上位グループ

に位置していると言える」と述べている。ここで言う評価の枠組みとは、①「科学的な疑問を認識する」「現象を科学的に説明する」「科学的な証拠を用いる」といった「科学的能力」、②「自然界に関する知識」「科学自体に関する知識」といった「科学的知識」、③「態度」といった、得点加算の枠組みのことである。

小倉（2008b）がPISA2006年調査を分析し、我が国の子どもたちの実状に対して問題視していることは、次の2点に要約される。

　・探究心や自信、楽しさ、目的意識が足りない。

　・学力の格差が大きく、受動的な学習になっている。

そして、これらの改善のために、「子どもが自ら疑問を見いだし、関連する知識を適用しながら調査や実験を工夫して疑問を解決していくような理科学習によって、『科学的な疑問を認識』できるようにすることが必要である」（小倉, 2008b）と述べている。このような視点に立った教授・学習を、本研究では「科学的探究」学習と考えるが、その内実については第2章で述べることとする。

PISA2006年調査の結果から、「読解力」の重要性が言われることとなったが、国際的に見て学力の順位が下がったことを問題視する報道の影響により、科学的知識と科学的用語を直結させ、それらを単純に記憶させることのみを主眼に置いた学習によって基礎学力の底上げを図ればよいという考え方が広がることが懸念される。科学的な知識は重要であるが、構成主義学習論の観点からも、科学的リテラシー育成の観点からも、その知識は活用できるように個人の中に構成されなければならないのである。したがって、新しい学習指導要領によって増加した授業時間数は、子どもが自ら疑問を見いだす時間、関連する知識を適用する時間、調査や実験を工夫する時間に充てて「科学的探究」の場面を深化させ、その結果として科学的知識の定着を図ることが、我が国の子どもの科学的リテラシーを育む上で重要であると言える。

理科教育に対する国民的関心の低さや、理科教育に対する目的意識の欠如の解決が喫緊の課題であることは本章の第1節で述べた。また、科学と社会をつなぎ理科教育と日常的な生活との結びつきを理解するサイエンス・コ

第1章　市民の科学的リテラシー向上につながる「科学的探究」学習の在り方の検討

ミュニケーションの考え方の学校教育への導入の重要性については序章第2節で述べた。これらの教育的方略のためにも、子どもの科学的リテラシーを育むためにも、教師は、双方向性のコミュニケーションの活性化を目指し、学校で教える内容と日常的な生活、産業との関係性と重要性を十分に認識した上で、それらを子どもにも実感させるような「科学的探究」学習の授業をデザインしていかなければならない。

5.2　「科学的探究」学習を推し進める上での障害

　本章の第1節で述べたように、子どもの自然体験や生活体験の減少傾向が見られ、教師においても、理数教育の充実に不安を感じる人の割合が高いなど、学校における理科教育には課題が散見される。

　平成20年の学習指導要領の改訂によって、「探究」は総合的な学習で行うことになり、教科では「習得」と「活用」を行うことになったため、理科教育において探究的な学習展開が図りにくくなったと見られがちである。しかし、我が国では豊富な資料が記載された教科書を活用した教授・学習の形態が一般的であり、「習得」の観点から、優れた教育的効果を上げている。また、伝統的に問題解決的な学習の重要性が認知されていることから、教科書も問題解決の過程を意識して配列されている。すなわち、問題を把握し、仮説を立て、実験・観察から結果を出し、考察し、まとめるという段階を踏んでいるのである。このような順序性は「科学的探究」においても重要であり、教科書を効果的に活用した教授・学習の形態によって、子どもの科学的リテラシーの育成を図ることが期待されるが、次のような理由で、教科書の活用の在り方については、更なる検討が必要である。

　　・理科教育において、教科書に書かれた発問に基づいて学習を始めることが一般的に行われているが、子どもがより強く知りたいと思っている、子どもの側からの疑問が存在する場合があり得る。教科書に記載された発問以外に、子どもの実態に即した発問を吟味することが「科学的探究」学習には重要であるが、教科書の記載内容だけに限定して学習を展開しようとすると、子どもが学習に対して目的意識を持って主体的に関

われる好機を逸してしまう場面が増えることが懸念される。

・発問に対する答えの多くが「きまり」として教科書に示されていることから、求められる答えをあらかじめ読み取った子どもは、課題解決のための議論や実験を意欲的に行えなくなりがちである。

・教科書の流れに沿って問題解決的な学習を行おうと強く意識した場合、概念的な葛藤を解決し、新しい科学的概念を獲得するといった問題解決的学習の意義が後退し、形骸化した問題解決的な学習に終始する懸念が指摘されている。形骸化した問題解決学習に関わって、森（1992, p.68）は、プロセスにとらわれて、子どもの発想に即した授業を展開することを怠っていては、授業は定型（パターン）化し、公式主義に陥ってしまうと述べている。

　これまで述べてきたように、我が国の理科教育は様々な課題を抱えていることが明らかとなり、これらの課題は理科教育に対する国民的関心の低さや、理科教育に対する目的意識の欠如といった課題を引き起こす一因となっていると考えられる。このような状況を踏まえ、科学リテラシー育成のために、構成主義学習論に依拠した「科学的探究」学習の普及を推し進めなければならない。しかし、我が国における「科学的探究」学習の捉え方は多様であり、一定の方向に定義づけられているとは言い難い。このような状況では、たとえ「科学的探究」学習の重要性が認識されたとしても、子どもが自らの文脈に即して科学的概念を構築するように授業のデザインがなされるかどうかは疑問である。そこで、子どもの科学的概念の構築を図りつつ、科学を学ぶ意義が子どもに伝わるような「科学的探究」学習の授業デザインを検討することが課題となっているのである。

第6節　まとめ

　本章では、科学的リテラシー育成の視座から、市民の科学的リテラシーの重要性と、我が国における「科学的探究」学習の課題を探ることをねらいと

して研究を行った。その結果、次の4つの知見を得た。

・市民の科学的リテラシー育成の方略については、トランス・サイエンス領域の増大を視野に入れ、「科学の不確実性」や「リスク」を伝達することが可能な、双方向性のサイエンス・コミュニケーションが重要となってきている。

・我が国の理科教育については、子どもの科学に対する興味が低い状況を打開するために、探究的な学習活動を充実させたり、実社会・実生活との関連を重視する内容を充実させたりする必要があることが答申（2008）で示され、学習指導要領が改訂されたが、理科教育を小学校低学年からの理科教育にまで範囲を広げて捉えるならば、科学リテラシー育成を促すのに必ずしも十分な授業時数が確保できているとは言えない。

・子どもの学習に対する目的意識の低下の解決のために、「科学的探究」学習を取り入れ、子どもが自ら疑問を見いだす時間、関連する知識を適用する時間、調査や実験を工夫する時間を確保し、「科学的探究」の場面を深化させることが、我が国の子どもの科学的リテラシーを育む上で重要である。

・理科教育では、子どもの探究心の不足や学力格差の拡大など、探究的な学習展開が図りにくい状況にある。また、教科書を用いた学習においても「科学的探究」学習を成立させるためには検討すべき課題がある。

　子どもが科学と向き合う最初の場である学校において、サイエンス・コミュニケーションの視点から、子どもが自分と社会とのつながりを意識するように理科教育は展開されるべきである。理科教育の展開においては「科学的探究」学習の在り方についての更なる議論が必要である。このような理科教育が推し進められるようになっていくならば、子どもは科学に興味・関心を持つようになり、ひいては市民の科学的リテラシー向上に寄与するものと考えられる。そのためにも、我が国の理科教育に対する関心の低さを改善することは急務であり、小学校第1学年から第6学年までを通して、科学技術と生活との関連を意識した理科教育の充実を図る必要があることを提言したい。

　本章では、主に我が国の理科教育の課題を整理することに研究の主眼を置

いた。したがって、「科学的探究」学習の実像は未解明であり、その解明は、次章以降に順を追って行うこととする。

第2章

構成主義学習論の視点に立った「科学的探究」学習構築の意義の検討

第1節　問題の所在

　第1章で述べたように、我が国の子どもたちが欧米諸国ほど科学に興味・関心を持っていないことは、科学的リテラシー育成の観点から憂うべき問題であると言える。欧米諸国では科学的リテラシー育成の手段として、後に述べる構成主義学習論を理論的な背景とした「科学的探究」学習（Inquisitive Science Learning）の普及を強力に推し進めている。「科学的探究」学習では、子どもは小さな科学者として自然の事物・現象を科学的に観察したり調査したりすることが求められる。また、教師は、科学的な知識を子どもに伝達するだけでなく、科学的な探究の意味、すなわち学び方を学ぶための案内役であることが求められる。このような学習が浸透するならば、子どもは科学と社会とのつながりを意識しながら学ぶようになることから、科学に対する興味・関心の増大が期待できる。しかし、我が国において「探究」や「科学的探究」の捉え方は多様であり、一定の方向に定義づけられているとは言い難く、教師は教育理論に基づいた指導方略を検討しないまま、経験則に基づき試行錯誤を繰り返しながら日々の教授・学習を繰り返さざるを得ない実状がある。

　教師の学習指導の指針の礎は『学習指導要領』であるが、『小学校学習指導要領　理科編』（文部科学省, 2008a）には、「問題解決」の重視に関する記載はあるものの、「科学的探究」学習についての記載はない。なぜならば、文部科学省は小学校理科では「習得」と「活用」を行い、「探究」は総合的な学習で行うとの方針を出しているからである。

　我が国の理科教育では、昭和22年版の『小学校学習指導要領　理科編（試案）』から、「問題解決」の重視が謳われ今日に至っている。この「問題解決」と「探究」との差異を明確に示すことは困難である。なぜならば、「問題解決」に対する解釈も「探究」に対する解釈も時代とともに変容したり新たな価値が加えられたりしてきたからである。野添・磯崎（2014, pp.95-108）は、「探究」は、米国のシュワブ（Schwab, J. J.）がProblem Solving Method（問題解決的学習）からの脱却を目指して提唱した考え方が日本に導入されたと

第2章　構成主義学習論の視点に立った「科学的探究」学習構築の意義の検討

述べている。具体的には、「問題解決」が戦前の「自然から直接学ぶ」という考え方を基盤とし教材の系統性を意識して積み上げていくという指導理念を有しているのに対し、「探究」は、究極的には安定探究と呼ばれる探究のパターンを乗り越えて、新しい探究方法を創造していくような流動的探究を目指した指導理念であったと述べている。すなわち、「問題解決」は、ある程度決められた指導計画に基づいて系統的な学習が行われるように配慮された学習であったが、「探究」は個に応じ、ときにはオープンエンドとなる可能性を有した学習であったと捉えることができる。しかし、今日の「問題解決」では、子どもが自らの問題を自ら解決するモデル（五島, 2012, pp.156-161）が提案されるなど、手順を追うだけの形骸化した「問題解決」からの脱却が図られてきている。一方「探究」についても、子ども中心主義に傾注せず、検証可能な仮説を立てさせることの重要性が示されている（小林, 2009）。

　以上のことから、「問題解決」と「探究」の指導理念の近似性が増し、両者の差異は縮まっていると捉えることができる。両者は、子どもが自ら意図して主体的に科学を自分の言葉で語りながら体得してほしいという願いに支えられ、望ましい科学的リテラシー育成の主軸になり得ると考えられる。しかし、子どもの理科に対する興味・関心の希薄さから類推するならば、今日の理科教育が「問題解決」や「探究」の指導理念の意図する方向に向いていないのではないかという問題を提示せざるを得ない。その原因の１つに、我が国の教育現場におけるカリキュラムの形骸化が挙げられる。理科カリキュラムの形骸化に関わって矢野（2014）は、学校の多忙化に伴って、教科書会社の指導書に示されたものを教師がそのまま使うことに抵抗感をなくしたことを原因として指摘している。換言すれば、教師の目先には業務が山積していて、教師が構成主義学習論などの認知科学の成果について学ぶ時間的なゆとりを持つことは困難であり、多くの教師が教科書中心の授業を行うことに慣れてしまっていると言える。したがって、子どもや地域性の実態を視野に入れて子どもの内面に働きかけ、情報の内化を促進させるようなカリキュラムを自主編成するスキルを有する教師が減っていて、学校現場において「問題解決」や「探究」の過程に存在する学習の意義が十分に検討されないまま学習が進行する傾向が続き、子どもの学習課題に対する問題意識の低下を招

いているという可能性が考えられる。

　我が国の理科教育における教授・学習理論の検討は、理科教育学会、科学教育学会、教科教育学会などで、論文または口頭発表として数多く発信されている。しかし、その中で、構成主義学習論などの認知科学の成果を理論的な背景として、「問題解決」と「探究」の両者の教育的意義と目指すべき方向を関係づけ、今後の理科教育のあるべき姿を検討した研究は多くない。一方、米国では、構成主義学習論に依拠し、国家の指針として 1960 年代以降一貫して「探究中心（Inquiry Centered）」の施策を講じている。このように米国においても、伝統的な知識中心の教育の打開は困難であり、2014 年には「探究中心」から科学技術や工学を取り込んだ "Practices" 中心の指針へと修正が図られるなど、教授・学習論をめぐる議論は激化している。しかしながら我が国の教育現場において欧米諸国の教授・学習の動向が話題になることは少なく、教育雑誌などを見る限り、「科学的探究」への関心よりも、教科書に登場する教材をどのように用意し、どのように活用するかに関心が集まる傾向が続いていると言える。このような傾向が続くならば、理科教育は子どもが自ら意図して主体的に科学を自分の言葉で語りながら体得する方向に向かわず、子どもの科学への興味・関心の希薄さが改善されないことが懸念される。

　したがって、「問題解決」および「探究」の意味を整理し、我が国に影響を与えた米国の動向を踏まえながら、構成主義学習論に依拠した「問題解決」および「探究」を視野に入れた「科学的探究」の理論を、我が国の実状に合わせて吟味し再構築することが極めて重要となっている。

第2節　研究の目的

　本章の研究では、「探究」に焦点化し、構成主義学習論の視座から、我が国と米国の「科学的探究」に関わる学習理論の変遷を整理し、その教育理念を探ることをねらいとする。

　そのため、第一に、我が国の問題解決学習の変遷と「探究」の位置づけ

を、学習指導要領の視点から整理する。第二に、ジョン・デューイ（Dewey, J.）の理論を起源とする構成主義学習論の系譜を、子どもの概念発達の視点から整理する。第三に、米国の理科教育に見られる理科学習論について、構成主義学習論の視点から整理し、米国における「探究：Inquiry」の意味の検討を行う。

第3節　我が国の問題解決学習の変遷と「探究」の位置づけ

3.1　問題解決学習の特徴

　「問題解決学習」とは『新理科教育用語辞典』（井口, 1991）によれば、「児童が問題を主体的に自覚し、把握したならば、それを解決せずにはいられないような精神的不安定を生じる。そのためこれを解消しようとして、教師の手を借りながらも、自主的に解決への行動を起こす。ときには直感的に、あるときは、いろいろな情報を集め、整理し、論理を中心にして、経験と関係づけ意味づけたりして、問題を解決していく。これが問題解決学習である」と述べられている。また、『キーワードから探るこれからの理科教育』（松原・堀米, 1998）では、「問題解決学習」にはいろいろな定義があることを指摘した上で、「児童生徒が学習主題として問題を取り出し、その解決法についても主体的能動的に取り組み、考えていく学習法のことである」と述べられている。

　これらの定義から、「問題解決学習」に必要不可欠な要素として次の3点を挙げることができる。

　①子ども自身が問題を把握していること。

　②子どもが主体的に問題を解決しようとしていること。

　③子どもが論理的に思考していること。

　昭和27年改訂の『小学校学習指導要領　理科編』（文部省, 1952）では、理科教育において問題解決学習の重要性が示された。この時期の理科は、身の回りの自然事物・現象に関する疑問を解決し、そこから得られた知識を応

表 2.3.1　昭和 27 年『小学校学習指導要領　理科編』(文部省, 1952) に見られる問題解決学習の段階

学 習 の 段 階	指導の段階
① 学習すべき問題をはっきりつかむ。	導きの段階
② 問題を解決するために計画をたてる。	計画の段階
③ 計画に基いて、研究や作業を続ける。	研究の段階
④ 研究や作業の結果をまとめる。	整理の段階
⑤ まとめた結果を活用し応用してみる。	活用の段階

用し生活を豊かにすることがねらいであることから、生活単元学習と呼ばれる。例えば、「風が吹くとどんなことが起こるでしょう」といった問題例が昭和 27 年改訂の『小学校学習指導要領　理科編』(文部省, 1952) に示されている。この単元の展開にあたっては、学習段階が表 2.3.1 に示すような 5 段階として捉えられている。

　このことに関わって大高 (1992, p.234) は、現在の問題解決学習は、昭和 27 年に提唱された問題解決学習の段階のうち⑤の「活用の段階」が欠如していると指摘し、「現在の問題解決学習過程では、問題解決によって得られた結果を自分以外の人と討議したり、そして何より実生活に活用・応用するという段階がまったくといっていいほど考慮されていない。」と指摘している。

　また、平成 20 年 8 月の『小学校学習指導要領解説　理科編』(文部科学省, 2008a) の「第 4 章　指導計画の作成と内容の取り扱い」には、次のような記述がなされている。

　理科の学習で重要なことは、児童が主体的に問題解決の活動を行い、その学習の成果を生活とのかかわりの中でとらえ直し、実感を伴った理解ができるようにすることである。学習したことを生活とのかかわりの中でとらえ直すことで、理科の学習の有用性を感じることができ、学習に対する意欲も増進する。

　ここでいう主体的な問題解決の活動とは、児童自らが自然の事物・現象に興味・関心をもち、問題を見いだし、問題解決の一連の過程を経験

することである。理科の学習では、問題解決はこれまでも重視されてき
たことであるが、その過程だけが形式化され、教師の指示に従うだけの
活動になり、本来の意味での主体的な問題解決の活動にならない場合も
あった。

　つまり、平成 20 年告示の学習指導要領では、先に大髙（1992, p.234）が指
摘しているように、「活用の段階」は重要であり、特に子どもが意欲的に理
科を学ぶために必要不可欠であることを重視しているのである。このこと
から、今回の学習指導要領の改訂の意図について昭和 27 年の学習指導要領で
提唱された問題解決学習の 5 つの段階を再評価し、実践すればよいかと捉え
られがちであるが、そうではない。なぜならば、先に示した、今回の学習指
導要領に示された内容を踏まえるならば、問題解決学習の段階を踏むことだ
けを重視することから、子どもの主体性が後退するという問題が生じるから
である。

3.2　問題解決学習から系統学習への移行

　大髙（1992, pp.230-231）は、昭和 27 年代に提唱された問題解決学習に対し
て昭和 30 年前後から、次に示すような批判があったと指摘している。
・日常生活で出会う問題は子どもにとって解決が困難であり、学習課題と
　しては難しすぎる。
・問題が難しい場合、非科学的な憶測がなされ、指導が困難である。
・生活単元・問題解決学習の内容の選択・配列は、系統性が欠如してい
　る。
・実験・観察の技術と基礎的な知識を全ての子どもに指導することは難し
　く、基礎学力の低下につながる。
・理科が他教科と結びついていないため、学習が非能率的である。
・教師にとって問題解決学習は指導方法が複雑で、多くの時間と技術と労
　力を要する。
問題解決学習は優れた学習方法であることについては広く認められてはい

たが、大髙（1992, p.232）は上述した6点に及ぶ指摘を踏まえ、「昭和30年代を境にして、戦後の理科教育界は生活単元・問題解決学習から、いわゆる系統学習へと移行していった」と述べている。また川上（2007）は「学力低下論が強まって、1958年以降は系統学習の元で知識の系統性を重視する思想が主流になった」と述べている。

　昭和27年度の学習指導要領が改訂されて告示された、昭和33年度の『小学校学習指導要領　理科編』（文部省, 1958）の「第2　指導計画作成および指導の一般方針」によれば、「各教科、道徳、特別教育活動および学校行事等について、相互の関連を図り、全体として調和のとれた指導計画を作成するとともに、発展的、系統的な指導を行うことができるようにしなければならない」と示された。奥村（1998）は、「1958（昭和33）年の学習指導要領は、いわゆる系統学習を規定したものである」と述べている。ここでは、系統学習への変化を理解するための一例として、第4学年の学習内容の留意事項を取り上げる。

　　内容（5）のウ〔てこ〕に関する学習は、第6学年（5）のエ〔てこ〕との関連を考え、ここでは日常用いられる道具を使い、それを通して具体的な経験を得させて、てこの三点と、それにはたらく力について理解させる。三点間の数量的関係については、第6学年で扱うようにする。

　このように、学年をまたがる学習内容については、関連を図る必要性を指摘することが多いのが、昭和33年の『学習指導要領』の特徴の1つである。このことに関わって、系統学習を強く批判した著書の中で上田（1993）は、「もし仮に教師の用意したものが論理的系統的であったとしても、子どものなかでそれが分断されてゆがめば、いかに系統学習を誇称しても子どもを系統的にすることはできない。系統が実現すべきであるのは、子どものなかであって、教師の机の上ではない」と述べている。すなわち、系統性については教師の論理ではなく、子ども自身の一連の観察・実験における、子どもの論理として位置づけられなければならないと捉えることができる。

3.3 探究学習の特徴

　川上（2007）は日本が系統学習を重視するようになった頃、米国での「理科教育の現代化運動」があり、その理論的な支柱を与えたのがブルーナー（Bruner, J. S.）（1961）の『教育の過程』であったと述べている。系統学習の基本的な考え方は、「理科教育の現代化運動」の影響により徐々に影をひそめていき、昭和44年度改訂の『中学校学習指導要領　理科編』（文部省, 1969）では、探究学習にその座を譲ることとなる。

　探究学習導入のもととなった、昭和44年度改訂の『中学校学習指導要領　理科編』の具体的目標は次の通りである。

> 1　自然の事物・現象の中に問題を見出し、それを探究する過程を通して科学の方法を習得させ、創造的な能力を育てる。
> 2　基本的な科学概念を理解させ、自然の仕組みや、はたらきを総合的、統一的に考察する能力を養う。
> 3　自然の事物・現象に対する科学的な見方や考え方を養い、科学的な自然観を育てる。

　川上（2007）は、この『中学校学習指導要領　理科編』の特徴を「内容的にはスパイラルが、方法として『探究』が強調された」と述べている。また、小川正賢（1992, p.10）は探究学習の要素として、次の3点を挙げている。

　①児童生徒の探究活動への主体的な参加。

　②基本的な科学概念の修得。

　③基本的科学概念の修得を可能にする科学的な探究能力の修得。

　従来の問題解決学習の考え方と異なる点は、上述③の「科学的な探究能力の修得」が強調された点である。こうした考え方は、理科の学習においては「科学の方法」や「プロセス・スキル」こそが重要であるという考え方につながっていく。

　川上（2007）は、「『探究学習』は『探究の行き過ぎ』が指摘されるに及んで、昭和52年には『行き過ぎの是正』がなされるにいたった。そのため、

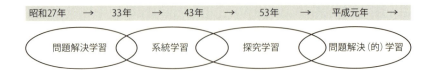

図2.3.3　学習指導要領の変遷をもとにした中学校を中心とした理科教育の考え方

平成元年の学習指導要領の改訂以降は、『探究学習』や『発見学習』よりも、『問題解決(的)学習』がよく使われるようになっている」と述べている。

これまで述べてきたことを学習指導要領の変遷をもとに整理すると、中学校を中心とした理科教育の考え方は図2.3.3のように表すことができ、小学校の理科教育もその影響を受けたと考えることができる。この図から、昭和30年代から約50年を経て問題解決を重視する時代が再来したと捉えられるかもしれない。しかし、今日の理科教育では、基礎的・基本的な知識・技能の確実な定着、いわゆる系統学習の考え方と、主体的な問題解決の活動の両方が重要であると示されていることから(文部科学省, 2008a, pp.2-11)、様々な理科教育の考え方の優れた点を融合させようとしていると捉えることができる。なお、日置・村山(2007)は、「どのような時代であろうが、理科が理科と言う教科である限り、これまで継承されてきたものがある。それは、自然の事物・現象を対象とすることである。子どもに問題解決を通して、科学的な見方や考え方を養うことである」と述べている。

3.4　問題解決学習に類似した学習理論

「問題解決学習」に類似した学習方法に、「課題解決学習」「発見学習」「探究学習」がある。『新理科教育用語辞典』(井口, 1991)によれば、「課題解決学習」は、指導すべき内容を、子どもに疑問文の形で課題として投げかける形式の学習のことであると述べられている。これは、はいまわる「問題解決学習」と、受け身の教育である「系統学習」の双方の欠点を補うものとして考案されたと考えられる。安藤(1994)は、課題解決学習について「生徒の多様な個性に適切に対応しながら、生徒一人ひとりの目指す目標に向かって

第 2 章　構成主義学習論の視点に立った「科学的探究」学習構築の意義の検討

表2.3.4　「問題解決学習」に類似した日本の学習理論

	課題解決学習	探究学習	発見学習
主な提唱者	広岡亮蔵	ガニエ	ブルーナー
日本で広まった時期	昭和 36 年頃	昭和 43 年頃	昭和 52 年頃
日本における学習法の特徴	教えるべき知的な「内容」を教師が「課題」として問題を出す場面から始まる。	「探究の過程」を重視し、「科学の方法（プロセス・スキル）」を習得させる。	直感的な思考を重視し、子どもの直感を仮説とし、それを子どもたちが検証する学習方法。
	いずれも子どもが主体であることを原則とする学習方法		
背景とねらい	「系統学習」では子どもが受け身の授業になり活力が低下することが多かった。学習の系統性は重視しつつ、児童に活力を持たせる必要があった。	米国科学教育カリキュラム改革運動の影響を受け、「系統学習」に代わるものとして導入された。探究能力の育成、科学概念の形成、未知の自然を探究しようとする態度を養うことをねらいとする。	知識獲得のプロセスに子どもを参加させる。新しい概念は、子ども自らが事物現象に関わることによって「発見」されると考えられた。

自らの手で課題を解決できるよう、教師が側面から援助していく学習方法」であると述べている。また、松原・堀米 (1998) は、「発見学習と探究学習は知識獲得の過程に児童生徒が主体的に取り組むことから広義の問題解決学習の一種と見なすこともできる」と述べている。これらの学習理論とその関係は、表2.3.4 と図2.3.5 のように整理することができる。

3.5　「探究学習」における「プロセス・スキル」の課題

　小倉 (2007a) は、「『科学的探究能力』という言葉が用いられるときは、プロセス・スキルを意味することが多い」と述べている。礒田 (2007) は、「プロセス・スキルを提唱したガニエ (Gagné, R. M.) はカリキュラムを編成するときに概念を階層化し、学習教材を適切に順序づけることの重要さについて述べた」と述べている。

　ガニエ (1963) は、探究について次のように示している。

　探究とは、問題解決のためのアプローチによって特徴づけられる一組

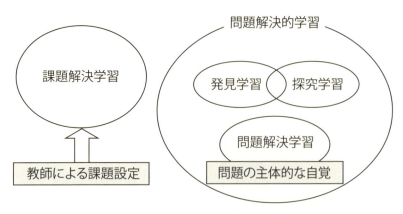

図2.3.5　問題解決学習に類似した学習理論の関係図

の活動のことで、その活動においては、初めて出くわした現象それぞれがその人の思考への挑戦となっているようなものである。そして、そのような思考は組織的で注意深い観察で始まり、必要な諸測定を計画し、観察されたものと推論されたものとを明確に区別し、理想的な環境下では輝かしい飛躍となってはいるが、常にテスト可能であるような解釈を発明し、合理的な結論を引き出す。それ（探究）は、科学研究のエッセンスとよんでもよいような類の活動である。

　小倉（2007a）は、このガニエの理論をもとに作られた初等理科カリキュラムである SAPA（Science-A Process Approach）は科学者の行為から 13 のプロセスを抽出したとして、次のように紹介している。
・基本プロセス（小学校 4 年までに修得させる）
　①観察する　②時空の関係を用いる　③分類する　④数を用いる
　⑤測定する　⑥伝達する　⑦予測する　⑧推測する
・統合的プロセス（小学校 4 年以降に学習する）
　⑨変数を制御する　⑩データを解釈する　⑪仮説を形成する
　⑫操作的に定義する　⑬実験する
　小倉（2007a）は、この考え方が昭和 44 〜 46 年改訂の中学校・高等学校指導要領に「科学の方法」として導入され、今日「科学的に調べる能力」ある

いは「探究の技法」と言われるものの原型になっていると述べ、理科の学習と科学者の探究活動に共通する知的技能を、次のように整理して紹介している。

①実験課題の明確化　②仮説の設定　③変数の同定
④制御変数・操作変数・反応変数の明確化　⑤実験計画
⑥測定・記録　⑦データの処理　⑧論理的推論　⑨結果の考察

　小倉（2007a）は、実際の問題解決が上述のような定形で進行するわけではないことを断った上で、探究の諸技法に習熟していない生徒は、多くの場合、実験仮説を設定できなかったり、変数を同定しないで条件の曖昧な実験を実行したりすると述べている。また、そのために、論理の飛躍した結論を強引に導いたり、結果（データ）と結論（分かったこと）や考察との区別がつかなかったりしがちであると述べている。

　小林（2006, pp.88-89）は、探究活動の仕組み方を論じる中で「アメリカの『プロジェクト2061（後述）』でも探究活動を通したプロセス・スキルズ（Process Skills：プロセス・スキルと同義である，筆者注）の育成が重要視され、科学の方法による探究活動の重要性は、時代と国を問わない不易の課題となっている」と述べている。

　しかし、小川正賢（1992, p.48）は、現代の科学観とそれに基づく探究学習批判の中で、構成主義的科学教育論の立場をとる研究者たちが、プロセス・スキル学習に関して批判的であると述べ、その理由として、①科学哲学の観点からの批判、②認知心理学の観点からの批判、③教授学という観点からの批判、の3点を挙げている。ここでは、特に、③教授学という観点からの批判の中から、「教えられた認知スキルは転移可能か」ということについて検討する。

　小川正賢（1992, p.53）は、「学習者（特に初歩の学習者）がある新しい状況を理解しようとするアプローチの仕方は、手続きの一般的な規則を運用するというよりも、今の状況と似ていると自分が判断し得るよく知っている状況とのアナロジーによって推論を行っていることが明らかになってきている。（中略）いわゆるプロセス・スキルは、一般性の程度が高度すぎるのである。学習者が知識を組織化するやり方はこのようなプロセスを取り巻いて起こる

のではない。それゆえ、このようなプロセス・スキルのような活動のまわりに授業を組織すると、子どもたちに意味のあるような諸経験間に彼らが関連づけをするのが困難になるからである」と指摘している。

また、堀（1992, pp.143-144）は、構成主義学習論の系譜の中で、転移の可能性が大きいとされてきた探究学習について、最近多くの疑問が投げかけられているとして、その主なものを4点挙げている。

- 新しい知識の獲得は、子どもの既有の知識とその構造、および新しい知識の構成に依存しているので、探究学習では新しい概念の形成へと導くことがむずかしい。
- 子どもたちは自ら探究的に学ぶものの、教師は科学的法則あるいは原理に導くことを意図していて矛盾が見られる。教師の思惑から外れる探究は教師に無視されることになりかねないので、子どもが挫折感を抱く。
- 同一の年齢の子どもたちであっても、自然認識や科学的概念理解の仕方は極めて多様であるので、同じ内容を探求的発見的に行えば同じ目標に辿りつくことができるという考え方に対して、再考が必要である。
- 科学に特定の方法があるのかどうか、またたとえあったとしてもそれはどんなものであるかについて、一般的な合意が得られていない。

これまで見てきたように、プロセス・スキルや探究学習に関する評価は様々である。しかし、今日の学校教育の現場が、このプロセス・スキルの影響を、なお強く受けていると考えられる。例えば、我が国の理科教育において第3・第4学年では、観察したり分類したりするプロセスを重視し、第5・第6学年では、変数を制御したり仮説を立てたりするプロセスを重視する傾向は、SAPAが示したプロセス・スキルにおける基本プロセスと統合的プロセスの学年による区分とよく似ている。プロセス・スキルを身につけさせることが科学リテラシーの育成にどのようにつながるのかについては、十分な検討が必要である。

近年、日本人がノーベル化学賞やノーベル物理学賞を受賞しているが、そのきっかけとなる発見は偶然に得られていることがある。もちろん、科学的な思考と科学の方法を駆使して検証を重ねて因果関係を究明し理論を構築することは、発見をより確かなものとするために必要不可欠である。しかし、

体系的に獲得された認知スキルがあれば新しい発見をする可能性が高まるかということについては、科学者の発見の歴史を見る限り、疑問視せざるを得ないと言える。すなわち、新しい理論の構築には、ときとしてこれまで頑強に信じられていた通説の打開を伴うことがあるからである。したがって、プロセス・スキルでは語られていない、領域を超えた事物・現象の関係性の認知を可能にする探究学習も、プロセス・スキルと同等に高い価値を持つと言える。

これらのことから、プロセス・スキルは重要であるが、プロセス・スキルだけが探究学習における教授・学習法の実像ではなく、探究学習には他にも様々な方略の道筋があることを推察することができる。

3.6 問題解決学習と系統学習の関係

問題解決学習と系統学習は、対置の関係にあるかのように捉えられがちである。しかし、問題解決学習に対する批判の多くは、問題解決学習が形骸化したり教師のコントロールを失ったりした場合に起こる問題点について指摘しているのであり、系統学習に対する批判の多くは、知識を注入するだけでよいと考えた場合に起こる問題点について指摘しているのである。つまり、どちらも本来あるべき理想の学習が成り立っていない状況について批判し合っているのである。

米国の哲学者・教育学者のデューイは、著書 *The Child and the Curriculum*（デューイ, 1902, 訳, 市村, 1998, p.272）の中で、「子どもの経験と、学習課程を編成してきたさまざまな形式の教科とのあいだには、本来の性質上ある種のギャップがあるという偏向した観念から脱却すべきである」と指摘している。また、デューイは、「教科は固定したものであるという観念を放棄し、子どもの経験も流動的で胎芽的で闊達なものとしてとらえるべきである」（p.273）と述べている。さらに、デューイは、「教育的課程とは、それら成熟と未成熟という両者による作用にほかならない」（p.262）とも述べている。これらのデューイの指摘を問題解決学習と系統学習との関係の構図に援用すると、子ども主体の「問題解決学習」も時代ごとの科学の産物に起因す

図 2.3.6　問題解決学習と系統学習の相互作用

る「系統学習」も共に流動的なものとして捉え、図 2.3.6 のように、両者の相互作用によって教育の課程が成立すると捉えることができる。

3.7　今日の我が国における「探究」の位置づけ

　昭和 40 年代における問題解決学習と系統学習の関係は、今日の、「探究」と「習得」の関係に酷似している。両者の関係について、中央教育審議会 (2006, pp.16-17) は、「初等中等教育分科会　教育課程部会審議経過報告」において、次のように提言している。

　現行学習指導要領の学力観については、これをめぐって様々な議論が提起されているが、義務教育答申でも指摘しているとおり、基礎的・基本的な知識・技能の育成（いわゆる習得型の教育）と、自ら学び自ら考える力の育成（いわゆる探究型の教育）とは、対立的あるいは二者択一的にとらえるべきものではなく、この両方を総合的に育成することが必要である。そのためには、知識・技能の習得と考える力の育成との関係を明確にする必要がある。まず、①基礎的・基本的な知識・技能を確実に定着させることを基本とする。②こうした理解・定着を基礎として、知識・技能を実際に活用する力の育成を重視する。さらに、③この活用する力を基礎として、実際に課題を探究する活動を行うことで、自ら学び自ら考える力を高めることが必要である。これらは、決して一つの方向で進むだけではなく、相互に関連しあって力を伸ばしていくものと考えられる。知識・技能の活用が定着を促進したり、探究的な活動が知識・

技能の定着や活用を促進したりすることにも留意する必要がある。こうして習得と探究との間に、知識・技能を活用するという過程を位置付け重視していくことで、知識・技能の習得と活用、活用型の思考や活動と探究型の思考や活動との関係を明確にし、子どもの発達などに応じて、これらを相乗的に育成することができるよう検討を進めている。探究的な活動を行うことは、子どもの知的好奇心を刺激し、学ぶ意欲を高めたり、知識・技能を体験的に理解させたりする上で重要なことであり、自ら学び自ら考える力を高めるため、積極的に推進する必要がある。こうした活動を通して、各教科等それぞれで身に付けられた知識や技能などが相互に関連付けられ、総合的に働くようになることが期待される。なお、現行の学習指導要領に至るまでのある一時期において、子どもの自主性を強調する余り、教師が指導を躊躇する状況があったのではないかという指摘がある。探究的な活動については、知識・技能の習得や活用を視野に入れて、関連付けを図りながら、教師の指導の一環として行われることが必要である。広い意味で、教えることの大切さに留意する必要がある。

その後、中央教育審議（2008, p.14）は、2003 年（平成 15 年）に実施された国際的な学力調査（OECD の PISA 調査、および国際教育到達度評価学会〈IEA〉の TIMSS 調査）と、2006 年（平成 18 年）に実施された PISA 調査、2007 年（平成 19 年）に実施された全国学力・学習教育課程実施状況調査の結果から、我が国の子どもの学力を次のように分析した。

　基礎的・基本的な知識・技能の習得については、個別には課題のある事項もあるものの、全体としては一定の成果が認められる。しかし、思考力・判断力・表現力等を問う読解力や記述式の問題に課題がある。これらの力は現行学習指導要領が重視し、子どもたちが社会において必要とされる力であることから、大きな課題であると言わざるを得ない。

この分析によって明らかとなった我が国の子どもの学習の改善のために、

中央教育審議会（2008, pp.24-25）は、次のように学習指導要領の改善を求めた。

　今回の改訂においては、各学校で子どもたちの思考力・判断力・表現力等を確実にはぐくむために、まず、各教科の指導の中で、基礎的・基本的な知識・技能の習得とともに、観察・実験やレポートの作成、論述といったそれぞれの教科の知識・技能を活用する学習活動を充実させることを重視する必要がある。各教科におけるこのような取組があってこそ総合的な学習の時間における教科等を横断した課題解決的な学習や探究的な活動も充実するし、各教科の知識・技能の確実な定着にも結び付く。このように、各教科での習得や活用と総合的な学習の時間を中心とした探究は、決して一つの方向で進むだけではなく、例えば、知識・技能の活用や探究がその習得を促進するなど、相互に関連し合って力を伸ばしていくものである。

　このように、中央教育審議会は、「初等中等教育分科会　教育課程部会審議経過報告」において、「習得型」「探究型」学習の相互補完的な役割の重要性を提言したが、2年後の「答申」において、「習得」は各教科で行い、「探究」は総合的な学習の時間で行うように、役割区分を提示し、このことが現行の学習指導要領に反映された。松本（2011, p.9）は、小学校において教科は「習得・活用」を担い、総合的な学習の時間は「探究」を担うことで、教科と総合の役割・存在意義が明確化されたと述べている。このことによって、今日、理科教育の範疇だけでは、「探究」に主眼を置いた授業デザインを学習指導要領に位置づけることが困難となり、「探究」の代わりに「活用」という言葉を用いた実践報告がなされることが増えている。

　「習得」「活用」「探究」の区分に関わって、中央教育審議会の副会長を務めた梶田（2008）は、教育セミナー関西2008人間教育実践交流会「京都フォーラム」の講演において、「今、『習得』『活用』『探究』が言われています。これはどれが大事かではなく、『習得』も大事だし、『活用』も大事だし、『探究』も大事なのです」と述べている。

第2章　構成主義学習論の視点に立った「科学的探究」学習構築の意義の検討

　梶田の見解を換言するならば、「習得」「活用」「探究」はどれも重要で、ときに相互に補完し合い、ときに不可分な学習となるので、理科教育においては、すべてを扱うべきであると指摘できる。

　答申の提言によって、理科の学習内容と授業時数が増えるなど、平成20年改訂の学習指導要領は大幅な変更が生じた。しかし、小学校の理科教育において「探究」の重視という文言が入ることがなかったことから、今日の小学校の理科教育では、「習得」「活用」を意図した授業実践が繰り返され、探究を意図した授業実践は行いにくくなっている。

　世界的に理科教育の主流を形成している「構成主義学習論」[註1]に依拠した「科学的探究」の姿を理解して理科の授業実践を行うことは、国際社会を生き抜く子どもたちの将来のために極めて重要である。しかし、我が国の小学校の理科教育において「探究」を前面に出して授業実践を行うことが困難であることは、問題視せざるを得ない。

第4節　構成主義学習理論の展開

4.1　子どもの「潜在的カリキュラム」の承認

　構成主義について、森本（1998）は、教科書等の表面に現れた公的なカリキュラムすなわち「顕在的なカリキュラム」に対する、子どもが構成する固有な考え方の世界である「潜在的なカリキュラム」の承認と後者による前者の内容の組み換え作業こそが、構成主義的な立場に立って行う学習の価値づけであると述べている。

　つまり、子どもの生活経験は子ども個々人によって異なり、子どもが学ぶときにはこれまで獲得した固有の考え方と関連づけながら、知識の再構成を図ることから、すべての子どもに対して汎用性の高い「潜在的なカリキュラム」を提供することは困難であると言える。そこで、授業においては学問の体系に基づき、教育理論に即した「顕在的なカリキュラム」を提供することになるのである。この「顕在的なカリキュラム」と子どもの生活経験との差

異を埋める方策や道筋についての検討が認知科学の領域で展開していると捉えることができる。

　教育における構成主義について検討した中村（2001）は、「構成主義についての議論は、アメリカを中心として過去20年ほどにわたり一般的になっており、教育の研究と実践に多大な影響を与え続けている」と述べている。

　佐藤学（1996, p.155）は、構成主義の学びに関わって、学習の対象となる世界は最初から意味を担っているのではなく、道具的思考や他者とのコミュニケーションを通して、学習者が言葉で名づけ意味づけて初めて意味が構成されると述べている。佐藤の指摘を踏まえるならば、構成主義的な立場では、教師は知識の伝達者ではなく、子どもの生活経験や学びの現実に寄り添いつつ「潜在的なカリキュラム」を意識し、子どもの中にある知識の再構成を促す助言者であるとの認識を持つ必要性が求められているのである。

4.2　構成主義学習理論の融合

4.2.1　デューイが提唱した個人と外界の相互作用の役割

　経験主義教育理論を提唱したデューイは、著書 *Logic: The Theory of Inquiry*（論理学——探究の理論）（デューイ, 1938a, 訳, 柳, 1958, p.24）で、「あらゆる特定の知識は、特定の探究の結果として構成されるのである。知識というものは、探究の結果としての結論のなかにふくまれている諸性質の一つの一般化でのみありうる」と述べている。デューイの「探究」の理論に関わって龍崎（2002）は、「探究」は知性に導かれての不確定な状況の確定的な状況への変容であると述べ、「探究」には、「不確定な混乱した状況」「変容する過程」「統一された確定した状況の獲得」の3場面が含まれていると指摘している。

　状況の獲得に関わってデューイ（1902, 訳, 市村, 1998, p.163）は、「人類が幾世紀もかけて達成してきた進歩を、子どもがごくわずかな年月で要約し反復できるのは、社会的な媒介作用をとおしてこそなのである」と述べている。この考え方を子どもの自然認識の拡張の場面に援用すると、学問体系を基盤としたカリキュラムによって、子どもたちの素朴な自然認識は、より確かで

統一された自然認識として獲得されていくのだと考えることができる。

一方で、デューイ（1902，訳，市村，1998，p.267）は、子どもの学びと学校における カリキュラムとの間には根本的に次の3つの対立があると述べている。

・子どもの狭い個人的な世界と、時間的にも空間的にも際限なく拡大された世界との対立。
・全精神を傾注した子どもの生活の統一性と、教科専門や教科区分との対立。
・子どもの生活上の実際的で情緒的な絆と、教科の論理的な類別や配列との対立。

これらの対立こそ、先に述べた「顕在的カリキュラム」と「潜在的カリキュラム」の差異だと捉えることができる。この対立に関わって、デューイ（1902，訳，市村，1998，pp.272-273）は、教師の役割は相互作用を促すことであると考え、子どもの現在の経験と、人類が構築した学問体系に基づいて分類・配列された教科との間に介在する、ステップを発見することが重要であると述べている。

デューイ（1938b，訳，市村，1958，p.65）は晩年に、個人の学習の姿に力点を置き、「個人が一つの状況から他の状況へと移りゆくさいに、その個人の世界、つまり環境は拡張したり収縮したりする。その個人は別の世界に生きている自分を見いだすのではなく、一つの同じ世界で、これまでと異なった部分あるいは側面で生きている自分に気づくのである」と述べている。つまり、個人が外界から刺激を受けることによって、自分の内面で再構成が起き、さらに新たな再構成が起きた自分に気付くことにより外界が違ったものに見えてくることから、新たな再構成の準備が始まるのだと捉えることができる。

このように、デューイは個人の生活経験を重視し、体験を通じて起こる人類の知的産物や社会との相互作用によって、新しい自分へと再構成を果たしていくという学びの理論を提起したのだと言える。

4.2.2　ピアジェが提唱した個人の内面で構成される発達の道筋

ピアジェ（Piaget, J.）は、個人が刺激に対して既有の知識と結びつけようと働きかける自発的な活動によって同化が起こり、シェマが生み出されると

考えた。シェマとは、ピアジェによれば、人間が環境に適応していく中で体制化される、認知システムを構成する諸要素のことである。例えば、空間について乳児は、自ら事物に働きかけることによって、誰かに教わらなくても、自ら空間の認識を構造的に獲得していくのである。このようなシェマは、感覚運動的シェマと呼ばれる。シェマの存在の提唱に見られるように、ピアジェは、個人的な学びに焦点を当て、個人が受けた刺激に対して自らそれを刺激と感じることによって同化と調節が起き、知識と知能は一定の発達の順序に従って発達すると提唱した。さらにピアジェ（1970）は、同化と調節を繰り返すうちに、このシェマの分化・協応・内面化が生じ、論理的構造は構成されること、発達は常により単純な構造から、より複雑な構造へと移行をなすことを提唱した。子どもが個人的に多様な情報源にアクセスし、個人の思考において個別的に概念を構成する様態は、「個人的構成主義」と呼ばれる。

　しかし、ピアジェ（1972）は晩年に、認識は主体から生じるのでも客体から生じるのでもなく、主体と客体との中間に生じ、媒体を介した未分化な主体と客体の相互作用によって構成されることを示した。ここに、後述するヴィゴツキーの理論の影響を見ることができる。

　ピアジェ理論に基づいたカリキュラム開発研究を進めているカミイ（Kamii, C.）とデブリース（Devries, R.）（1980）は、著書の中でピアジェの構成主義について「知識は先行の知識の中に同化されることによって内部から構成されなければならないので、おとながもっているような知識を最終的に構成するまでに、子どもは、〈まちがいである〉事例をたくさん経験しなければならない」と述べている。このように、ピアジェの理論に基づいた教授・学習では、子どもの思考の発達には段階があり、発達には子どもの自発的な活動が必要不可欠であることから、子どもの発達を早めようと教師が働きかけることに対しては慎重になるべきだという結論が導き出される。したがって、ピアジェ理論に基づいた教授・学習論における教師の役割は、子どもたちを注意深く観察し、子どもの発達段階に合った教材を与え、適度に助言を与えることだと考えることができる。

4.2.3　ヴィゴツキーが提唱した媒介の機能と ZPD の存在

　ピアジェとヴィゴツキー（Vygotsky, L. S.）の理論の差異は、ヴィゴツキーが、刺激と反応の間に新しい関係をもたらす「媒介」の存在を提唱し、個人は「媒介」を通して他者と関わることで発達を遂げると考えたところにある。「媒介」を可能にする媒体とは例えば「言葉」であるが、ヴィゴツキー（1956, 訳, 柴田, 2001, p383）は、「子どもの自己中心的なことばは、精神間的機能から精神内的機能への、すなわち、子どもの社会的集団的活動形式から個人的機能への移行現象の一つである」と述べ、デューイ同様に、子どもは、社会的な通念に自分の考えを対比させ取り込むことで論理の構成を図っていると指摘している。このような様態は、「社会的構成主義」と呼ばれる。

　さらにヴィゴツキー（1956, 訳, 柴田, 2001, p298）は、「自分の果樹園の状態を明らかにしようと思う園丁が、成熟した、実を結んでいるりんごの木だけでそれを評価しようと考えるのは間違っているのと同じように、心理学者も、発達状態を評価するときには、成熟した機能だけでなく、成熟しつつある機能を、現下の水準だけでなく、発達の最近接領域を考慮しなければならない」と述べ、発達の最近接領域（Zone of Proximal Development: ZPD）理論を提唱した。ヴィゴツキーは、子どもが現時点で分かっている水準を「現下の発達水準」と呼び、「現下の発達水準」に対して、他人の助けを借りればできるようになる水準を「明日の発達水準」と呼び、「現下の発達水準」と「明日の発達水準」の間の領域を ZPD と名づけたのである。このヴィゴツキーの ZPD 理論は、子どもの概念発達を探る基礎となる理論として近年様々な教科で用いられている。

　このように、構成主義に関わってデューイ、ピアジェ、ヴィゴツキーの理論を紹介した。ピアジェの理論とヴィゴツキーの理論には差異が認められるが、森本・中田（1998, pp.176-181）によれば、デューイを起源とする両者は次の2つのテーゼの融合という形で解決を見ることが示唆されている。それぞれを要約すると、

　　・知識は個人にとって意味ある形で構成される。

　　・人は社会的なコンセンサスを経て流通する言葉を用いていることから、他者の存在を基盤とした知識の構成が図られている。

となり、個人的構成主義と社会的構成主義は、授業において、個人内での知識表象と社会での知識の共有という形で、子どもの知識構成を保証する両輪として機能していく。したがって、子どもの学びの構造を探るには、デューイ、ピアジェ、ヴィゴツキーの理論を融合させて検討していくことが望ましいと言える。

以上のように、本章第4節では構成主義学習論の系譜を整理した。その結果、子どもの学びの構造を、学習理論史の視点から構成主義学習論に依拠して解明することは、「探究」を解明する上で有効な手段の1つであることが分かった。

第5節　生活的概念と科学的概念の相互作用

この節では、ヴィゴツキーのZPD理論の拡張的解釈を行い、科学的概念の発達の道筋を解明する手がかりを得る。なお、本研究では、自然認識を子どもの素朴概念と科学的概念が混在した不可分な認識の状態と捉え、より高次で随意的な操作が可能な概念である科学的概念と区別している。自然認識の発達については主に第3章で、科学的概念の発達については主に第4章と第5章で論究する。

5.1　ZPDの場における熟達化の構造

ヴィゴツキー（1956, pp.315-319）は、自然発生的な概念であるPreconceptionを「生活的概念」と表し、学問や文化に対する社会の合意事項を「科学的概念」と表した。そして、「生活的概念」は、概念の高次の特性である「自覚性・随意性」へ向かって運動し、「科学的概念」は、概念の低次の特性である「個人的経験・具体性の領域」へ向かって成長すると述べている。さらに、「生活的概念」を「現下の発達水準」と捉え、「科学的概念」を明日には自分1人でなし得るという意味で「明日の発達水準」と呼び、両者の間に存在する領域を先に述べた通り、ZPDと示した。このことに関連して、小

第 2 章　構成主義学習論の視点に立った「科学的探究」学習構築の意義の検討

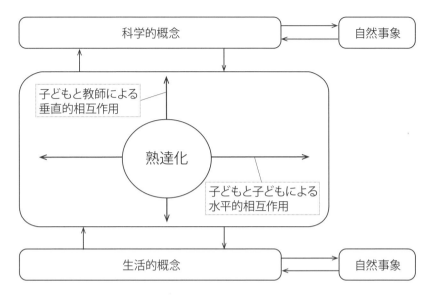

図 2.5.1　ZPD の場における子どもの熟達化の構造（小川哲男, 2007 を改変）

川哲男（2007）は、ZPD を図 2.5.1 のように図式化し、ZPD での「学習」と「教授」を通して、自然事象に裏づけられた「生活的概念」と「科学的概念」が、矢印で示したように相互に関係して発達すると述べている。熟達化とは、社会的基盤に基づいて、模倣や伝承によって学習したことを、個人が繰り返し使うことで、初心者から熟達者へと変わっていくことである。

このようなヴィゴツキーの ZPD 理論を理科教育に援用すると、「生活的概念」と「科学的概念」の間にある子どもの未開発な場における、「生活的概念」と「科学的概念」の双方向的運動こそが学校における教育活動そのものであり、両者の関係性が子どもの中で構成されていく過程において、個人的経験が自覚性を持ったものとなり、随意的な操作が可能になるのだと言える。

5.2　理科教育における垂直的相互作用

佐藤公治（1999, p.28）は、生活的概念と科学的概念の相互作用は垂直的相互作用に位置づけられると述べている。教育の場においては、生活的概念の

世界には未熟な子どもが位置し、科学的概念の場には、熟達者としての教師、または、やや知的レベルの高い子どもが位置することから、垂直的相互作用は、子どもと教師とのやり取り、または、熟達度の異なる子ども同士を指すと捉えることができる。このことは、図2.5.1において縦方向の矢印（↑、↓）で示した通りである。ヴィゴツキー（1926, 訳, 柴田, 2001, p.313）は科学的概念の発達における教師の役割について次のように述べている。

> 科学的概念の発生は、自然発生的概念の一定の発達水準においてのみ可能となります。そして、科学的概念の発達が開始される曲線部分が、発達の最近接領域であると私は考えます。子どもの相対的に自主的な解決においては不可能であった操作が、教師の指導の下で可能となります。

このことを理科教育に援用すると、科学的概念の発達には、その素地となる生活的概念の存在と教師の指導が必要だということができる。

さらに、ヴィゴツキーは、

> いうまでもなく、生活的概念も大人の助けなしには発達しません。つまり、生活的概念は、上から下へも、下から上にも発達します。何しろ、学習は学齢期にはじめて開始されるものではありません。こどもが「どうして？」とたずね、大人がそれに答えるとき、また子どもが大人や他の子どもの話を聞くとき、事実上、子どもは学習しているのです。
>
> （ヴィゴツキー, 1926, 訳, 柴田・宮坂, 2005, p.299）
>
> 科学的概念は上へすすみ、生活的概念は下をすすみつつも、のちに生活的概念は引き上げられることを示しています。
>
> （ヴィゴツキー, 1935, 訳, 土井・神谷, 2003, p179）

と述べ、日常生活の場面に科学的概念を当てはめるという下から上への発達の道筋と、科学的概念を日常生活の場面に適用させるという上から下への

発達の道筋を示し、両者の相互作用の重要性について言及している。

このことを理科教育に援用すると、日常生活の場面から学習題材を探し科学的概念の発達を促しつつも、その科学的概念を新たな日常生活の場面に適用させる学習展開が必要だということができる。

以上のことから、理科教育において子どもの科学的概念の発達を促すには、教師は次の3点に留意する必要があると考えることができる。

・生活的概念を一定の水準に到達させるために、その前提となる生活体験を豊かにする方策を立てること。

・科学的概念と相互作用を起こさせるのにふさわしい生活的概念を子どもの生活体験の中から抽出し、焦点化すること。

・子どもに獲得させたい科学的概念を見通し、科学的概念の契機となる身近な事象を教師が提示すること。

5.3　理科教育における水平的相互作用

ZPDでは、低次性の概念である生活的概念と高次性の概念である科学的概念との間の、上下方向の相互作用に着眼し、論議されることが多い。佐藤公治（1999, p35）はこれを垂直的な相互作用と呼ぶが、ヴィゴツキーの理論では、知的なレベルや技能の水準は同じであっても、異質な視点、違った発想を持っているもの同士が相互作用をし合う共同作業、つまり水平的相互作用というものを含めていたと考えることができると指摘している。ヴィゴツキーの未刊の論文をまとめた英訳本である *Mind in Society*（Vygotsky, 1978）によれば、ヴィゴツキーは ZPD を次のように定義している。

"It is the distance between the actual development level as determined by independent problem solving and the level of potential development as determined through problem solving under adult guidance or in collaboration with more capable peers."

ここで注目に値するのは、最後の "with more capable peers." という部分である。すなわち、ヴィゴツキーは「能力は同等であるが潜在的な能力を持った仲間」との間の相互作用も視野に入れていたことから、ZPD 理論に

は水平的相互作用を含めて考えるべきであると言えるのである。この水平的相互作用は、図2.5.1に横方向の矢印（←、→）で示した通りである。

　水平的相互作用は、エドワード・デ・ボノ（Edward de Bono）が1967年頃に提唱した水平的思考（Lateral Thinking）と関連づけて考えることができる。水平的思考とは、支配的な枠組みにとらわれて考える垂直的思考を離れていろいろと考えをめぐらし、よりよいアイデアを見つけようとすることだと考えられる。エドワード・デ・ボノ（1969, 訳, 白井, p.13）は、水平的思考と垂直的思考をコインの表裏のようなものとたとえ、「水平的思考が新しいアイデアを生み出し、垂直的思考がそれを発展させるのである」と述べている。

　ZPDの解釈について山住（2004, pp.64-65）は、現代では、垂直方向の「より有能」であることへの引き上げとしてだけでなく、異質な世界が相互に出会っていく時空間としても捉えられ、人間の集団的活動の水平的・越境的拡張を通した文化の再創造として再定義されるようになりつつあると指摘している。

　これらのことを理科教育における子どもの科学的概念の形成の道筋に援用すると、論理的思考や分析的思考などの垂直的思考の重要性とともに、言葉や教材を媒介とした子どもと子どもの水平的相互作用を重視することが求められていると捉えることができる。

5.4　垂直的相互作用と水平的相互作用の連動による科学的概念の発達

　これまでZPDにおける垂直的相互作用と水平的相互作用の意味について検討を行った。この両者を関連づけると、子どもの科学的概念の発達にはどちらも重要な意味を有していることが分かる。したがって、図2.5.1に示した通り、ZPDの場では、垂直と水平の方向の二次元的な交わりの中に、子どもの学びが位置づけられ、子どもの科学的概念の発達は円が横にも縦にもふくらむように拡張を見せると捉えることができる。

　認知構造の拡張において、個人の発達の内的条件としてのレディネスの考え方を適合させると、高度な知的内容に対して自分の認識と他者の認識との間に不均衡が生じる場合、子どもは自分の認知構造を修正して適応を図るこ

とから、結果として認知構造が再構造化され科学的概念の発達が促されると考えることができる。このことを図2.5.1に対応させて検討すると、高度な科学的概念と生活的概念の関連性を意識した直後は、熟達化の円が垂直の方向に引き延ばされた状態にあり、異質な事例や考え方に遭遇した直後は、熟達化の円が水平の方向に引き延ばされた状態にあると考えられる。このような場面において子どもは安定的な熟達化の円の形成という予定調和を目指し、科学的概念を拡張する方向で認知構造の修正を図るものと考えられる。すなわち、認知の再構造化の場面では、水平的相互作用の活性化は垂直的相互作用の活性化を促し、垂直的相互作用の活性化は水平的相互作用の活性化を促す可能性が示唆される。

　ここで述べたことは、科学的概念の発達の道筋の一例であり、必ずしも常に2つの相互作用の連動によって子どもの科学的概念が発達するとは言えない。しかし、理科教育において、教師は経験的に、子どもの生活的概念と科学的概念とのずれを話題にする場面と、子ども同士に情報の交換の機会を与える場面を、一定のサイクルで繰り返して授業を展開させる傾向がある。このような教授・学習の方法は、認知の再構造化の視点から、子どもの科学的概念の発達を促す効果が高いことが示唆される。

第6節　米国の理科教育に見られる理科学習論

6.1　構成主義学習論を基盤とした米国の「科学的探究」

　米国の科学教育改革は認知科学の成果を反映して進行している。石井（2011, p.67）は、米国のカリキュラム設計について、1950年代以降、学習は外界からの情報を能動的に解釈し自分なりの意味を構成する動的な過程として捉えられ、学習者は、そうした自己の認知過程を認知し自己調整的に学習することで、生得的な学習能力や学習環境などの固定的な条件をも自らの手で主体的に改善していける有能な存在として捉えられているとし、構成主義の学習観とメタ認知という新たな学習要素の導入が、教育評価の改革に関

わっていると指摘している。また、石井（2011, p.67）は、1980年代半ば以降、学習を個人の頭の中で生じる営みではなく、社会・文化的な状況に埋め込まれた営みとして捉える見方が主張されるようになったとし、社会的構成主義の学習観が、教育目標の設定や単元設計の枠組みに大きな影響を与えていると述べている。

　さらに、丹沢（2002, pp45-46）は、1990年以降の米国の理科教育の特色を述べる中で、科学的探究への注目を取り上げ、「科学の本質を科学的探究にあると見なしている点で、ここ40年来アメリカの理科教育は変化していない。しかしながら、全米理科教育基準（全米科学教育スタンダードのこと，筆者註）で述べられているように、従来の探究のスキル育成のみならず、科学的探究活動を通して、『科学的探究とは何か』ひいては『科学とは何か』についての理解にまで到達させようとしているのが現在の特徴である。いわば、知識獲得の道具としての探究から、科学の本質を理解させるための探究、つまり学習目標としての探究へと、その意味内容は拡張されていると言える」と述べている。1996年に『全米科学教育スタンダード』が発行された後、2000年に、その増補版として202ページにわたる科学的探究の具体的事例に基づいた解説書（National Research Council, 2000）が刊行されていることからも、米国の科学教育改革を推し進めるキーワードの1つに科学的探究があることは明らかである。

　これらのことから、米国の科学教育改革は認知科学の成果に依拠し、カリキュラムデザインでは科学的探究を基盤として進行してきたと言える。

6.2　『全米科学教育スタンダード』成立までの背景

　1982年に全米科学教育連合学会（National Science Teachers Association: NSTA）は、基本声明として、「科学―技術―社会：1980年代の科学教育」の宣言を行い、理科教育危機への打開策として、公式に学校科学におけるSTS（Science/Technology/Society）の基本理念と具体策を明言した。これによって、米国の科学教育会においてSTSが主要な領域として認定された（長洲, 1998）。NSTAは1980年代、会員数5万人を抱える全米最大の学会組織

74

であった（長洲, 2001）。

翌年の 1983 年、全米教育優秀性委員会（National Commission on Excellence in Education）が、『危機に立つ国家——教育改革の要請』を刊行し、国語、数学、理科、コンピューター、社会科を中核として、すべての米国の学習者に学問的知識を完全に習得させることを強い姿勢で打ち出した（武村, 1992）。この提起について、小倉（2006）は、「すべての高校生が修得すべき科学が、知識のみならず、科学的な考え方を含み、日常生活に応用でき、さらに社会や環境と密接に関係するものとなることを訴えている」と述べ、その背景として、「子どもの学力低下と経済の国際的競争力の危機感」があったと指摘している。

NSTA 以外の学会も、危機打開のために活動を始める。1985 年には、全米科学振興協会（American Association for the Advancement of Science: AAAS）が、幼稚園から高等学校第 3 学年を対象に、科学、数学、技術の分野におけるカリキュラムの改革を目指し、「プロジェクト 2061」を発足させた。その最初の成果として 1989 年に刊行されたのが *Science for All Americans*（AAAS: Project 2061, 1989）である。理科カリキュラム観の国際比較において「プロジェクト 2061」におけるカリキュラム構成を取り上げた人見（1997）は、AAAS は、「プロジェクト 2061」で、高等学校終了時までに、すべての生徒は何を身につけたらよいかについてまとめ、科学リテラシーを定義したと述べている。

このような時代背景の中、多くの教育機関が革新的な科学カリキュラムを開発するようになる。本研究の事例的研究で参考にしたカリキュラムの開発元であるローレンス・ホール科学教育研究所もその 1 つで、1988 年に全米科学財団（National Science Foundation: NSF）によって資金提供を受けて科学カリキュラムの 1 つ Full Option Science System（以下、FOSS）の開発に着手している（Lawrence Hall of Science, 1996）。

1990 年に、NSTA は、再度基本声明として「STS：すべての者に適切な科学」を発表した。1982 年の基本声明との違いについて、長州（2001）は「最新の研究成果として構成主義学習論を積極的に取り組んだ点にある」と指摘している。また、NSTA は 1991 年に全米科学教育スタンダード

（National Science Education Standards: NSES）の開発の調整を全米研究協議会
（National Research Council: NRC）議長に依頼している（長洲, 2001）。この要請
を受けて、早速科学教育スタンダードと評価の全米委員会が作られ、NSTA
や AAAS の「プロジェクト 2061」は、その諮問機関になっている。

NSES の開発では、NSTA、AAAS の他、BSCS（Biological Science Curriculum
Study：中等生物教育改革プロジェクト）も大きく貢献している。また、教育、
教授、評価に関する3つのワーキンググループによって草案の検討が重ねら
れたのだが、このワーキンググループの委員長は、構成主義者として著名な
シャンパーニュ女史であったという事実は、注目に値する（長洲, 2001）。

6.3 『全米科学教育スタンダード』の教育理念

理科教育に関する米国の国家的スタンダードの全容を示した NSES は、
1996 年に、NRC によって刊行された。その概要によれば、同書の刊行の意
図は次のように述べられている。

> 全米科学教育スタンダードは科学的リテラシーを身につけた市民のあ
> るべき姿を提示し、各学年の児童・生徒が必要とする知識、理解、態度
> の概略を述べている。全米科学教育スタンダードは教育上のシステム化
> について述べている。すなわちシステム化により、すべての児童・生
> 徒が高いレベルの学習を達成し、個々の教師がそれぞれの状況に応じた
> 効果的な学習のために基本的な意思決定を任され、教師と児童・生徒が
> うまく噛み合って科学の学習に集中できる学習共同体となり得るのであ
> る。 (NRC, 1996, p.3)

NSES は、〈概要〉と次に示す8つの〈章〉で構成されている。
・第1章　序
・第2章　原則と定義
・第3章　科学教授スタンダード
・第4章　科学教師のための専門性向上スタンダード

第 2 章 構成主義学習論の視点に立った「科学的探究」学習構築の意義の検討

・第 5 章 科学教育におけるアセスメントスタンダード
・第 6 章 科学の内容スタンダード
・第 7 章 科学教育プログラムスタンダード
・第 8 章 科学教育システムスタンダード

　NSES は、各州が独自のフレームワークを作成する際の指針であり、我が国の学習指導要領ほど法的な拘束力はないものの、それに準じた理論枠組みであった。NSES 刊行以前は、全米を包括した指針がなかったことにより、米国が市民の科学的リテラシー育成を国策として強く推し進めようとする意図をはっきり見取ることができる。NSES の章の内容構成においても、学習内容の吟味にとどまらず、「探究」を促す機会を作る必要性、教師の教育に対する姿勢、学習者のコミュニティの重要性、評価の在り方、教育プログラムと社会をつなぐことの必要性など、包括する範囲は広大であり、教育によって社会をよりよくしようとする教育理念は世界的にも先鋭的であったと言える。

　NSES について小倉（2006, p.22）は、「科学的リテラシーを身につけた市民のあるべき姿を実現するための、すべての児童・生徒のための科学教育の指針として設計された」と述べている。また、武村（1997）は、「日本の学習指導要領のように基準性の強いものではない。人種、民族、宗教などの異質な要素を許容し、人間の能力、適性、関心に応じた教育の多様化の原理が、学校及び市と州レベルで、アメリカの教育課程の実践と発展の中で、互いに補ったり、拮抗し合って、アメリカ人を形成してきた。この基準は、『多様の統一』を理想像として試みたものである。社会の進歩、個人の幸せに役立つことを願って、学級や学校レベルの問題を、国家レベルでトライしてみようとしている」と述べている。

　NSES 刊行の 1 年後の 1996 年に NSTA は、*Pathways to the Science Standards* という、NSES を具体的に推し進めるためのガイドブックを発刊している。このガイドブックの編集者であるローリー（Lowery, Lawrence F.）は、知識の構成に関わって、「私たちは今、子どもたちは誰かの話を聞いたり本を読んだりするだけでは学べないことを知っています。言い換えれば、大人の理解をそのままの言葉で子どもたちにどんどん与えても、子どもに伝

えることはできないと言えます。見せたり語ったりするだけではだめなのです。スタンダードは、自分の知識というのは、『個々人と社会の関わりの過程』を通じて、自分で構成し積み上げなければならないと指摘しているのです。子どもたちは、自らの学びを積極的に作り上げる役割を担わなくてはなりません。このような、教授と学習の関係は構成主義と言われています」（ローリー, 1997）と述べている。このことから、NSES が構成主義学習論に依拠して編纂されたことが分かる。

　ローリーは、理科教育カリキュラムである FOSS の開発者でもある。ローリーは、FOSS のカリキュラムについて、「プロジェクト 2061 とは、独立してカリキュラム開発を行った」と述べ、また、NSES については、「FOSS のカリキュラムと共存できる」と述べるなど、FOSS のカリキュラムのオリジナリティを主張していた（Lawrence Hall of Science, 1996）。しかし、2013 年に次世代の NSES である新しい科学教育スタンダード、*Next Generation Science Standards*（以下、NGSS）刊行に合わせて、FOSS のカリキュラムは NGSS 準拠のカリキュラムとして改訂され、FOSS のカリキュラムと NGSS との対応表がホームページで示された（http://www.fossweb.com/standards-connections, アクセス日 2016 年 9 月 25 日）。このように、FOSS と NGSS が共同歩調を取ることができた背景には、両者の教育理論の基盤が共に構成主義学習論にあったからである。ローリーは、1995 年前後の教育改革について、表 2.6.3 のように、これまでの教育とこれからの教育の在り方の違いについて述べ、FOSS と NGSS が共に伝統にとらわれない教育を推進していく指針を示していることを強調しているが、その実現のためには学校の意識を改革する努力が必要であることも指摘している（Lawrence Hall of Science, 1996）。

　この表 2.6.3 から、米国で 1995 年前後に学力観が大きく転換したことが分かる。伝統的な教室では教師は子どもに知識を伝達する存在であったが、構成主義学習論の導入を背景として、教師は子どもと共に学習過程をたどる存在となったのである。また、評価では、記憶の実態に重きを置くのでなく、学習過程の姿に重きを置くように変容を遂げている。

　なお、ローリーは 2003 年まで FOSS カリキュラム開発の実質的なリーダーであったが、2000 年に NRC が発刊した科学的探究の具体的事例に基づ

第2章　構成主義学習論の視点に立った「科学的探究」学習構築の意義の検討

表2.6.3　米国の1995年前後の教育改革による変化（ローリー, 1997）

	伝統的ではない教育環境	伝統的な教育環境
子ども	子どもは、教授―学習の関係における協力者。	教師から与えられる情報を受動的に受け取る人。
教師	考えたり学んだりする手本。 指導者であり案内役（facilitator）。	知識の提供者。 教室の管理者。
カリキュラム	学び方を学び、基礎的な技術で思考する。	基礎的な技術と高次な考え方を区別する。
学習内容	広さよりも深さ。 基礎的な技術（読み書きなど）を現行の一貫したカリキュラムに統合する。	学習内容を広く扱う。 断片的なカリキュラム。
コンピューター	意図的な思考と拡張したコミュニティを創造する道具。	練習と実践。プログラミング。
評価	パフォーマンス／研究計画／ポートフォリオ。 知識の発見と一連の行為の活用。	記憶の保持。 伝統的な基準に照らし合わせたテスト。

いた解説書（NRC, 2000）の編纂を行うなどNSESの普及に尽力している。その解説書では、「NSESは、知りたいことを知るにはどうしたらいいか、どのような証拠が知るための手助けになるか、といった事柄に関する理解を子どもたちの中に構築しようとしているのである」（NRC, 2000, p.13）と述べられている。このことからも、表2.6.3に示したように、米国において1996年以降、「学ぶことを学ぶ」といった、新しい「科学的探究」学習の理論を具体化したカリキュラムの運用が始まったことが分かる。

6.4　米国における「探究：Inquiry」の意味の検討

小川正賢（1992, p.82）は、探究学習について、西洋の"Inquiry"という概念には「科学的な問題解決」というイメージがつきまとい、日本語の「探究」概念と違うと述べている。また、野添・磯崎（2014）によれば、米国のシュワブが提唱した「探究」が日本の教育に多大な影響を与えたが、シュワブは、Problem Solving Method（問題解決的学習）からの脱却という考え方を根底として、「探究」を提唱したと述べている。そこで、本論では、日本に最も影響を与えたと考えられる米国のNSESの表記に倣い、"Inquiry"を

79

「探究」と表し、「理科教育」における「探究」を「科学的探究」として論を進める。

NSES 第 2 章の「原則と定義」では、"Inquiry" について、次のように記されている。

> 科学的探究とは、科学者が自然界を研究し、それらの研究から導かれた証拠に基づいた解釈を提案する過程で用いられる種々の方法のことである。探究はさらに、科学者がどのように自然界を研究するかについての理解もさることながら、児童・生徒が科学的思考の知識および理解を深める活動のことである。　　　　　　　　　　　　　　　　　　　　（NRC, 1996, p.29）

> 探究とは、次に示す多面的な活動のことである。すなわち、観察を行うこと、科学的疑問を生み出すこと、どんなことが分かっているのかを確かめるために、書籍および他の情報源で調べること、研究の計画を立てること、実験から見つけた証拠で既知のものを調べること、データを集め、分析し、かつ、解釈するために実験器具を使用すること、答えや説明および予測を提案すること、また結果について他の人と意思の疎通を図ることである。　　　　　　　　　　　　　　　　　　　　（NRC, 1996, p.30）

これらの説明から、"Inquiry" は「プロセス・スキル」に近いと読み取られがちである。現に *Inquiry and the National Science Education Standards: A guide for teaching and learning* の Q and A の中で、「スタンダードにはなぜプロセス・スキルについて書かれていないのですか」という問いに対して、「スタンダードにはプロセス・スキルの要素がすべて入っている」（NRC, 2000, p.134, 下線筆者）と答えている。しかし、NSES の概要には、次のような記述もある。

・スタンダードで述べている知識と技能はすべての児童・生徒が体得できるものであり、さらに児童・生徒の中には、科学教育スタンダードで示されているレベル以上の力を有する者も出てくるようになるのである。（NRC, 2000, p.4）

第 2 章　構成主義学習論の視点に立った「科学的探究」学習構築の意義の検討

・全米科学教育スタンダードは、「プロセスとしての科学」以上のものを求めている。これまで、「プロセスとしての科学」が意味することは、児童・生徒が観察したり、推測したり、実験したりする能力を学習することであった。探究活動こそが科学の学習の中心になるのである。（NRC, 2000, p.4）

・探究活動で重要なことは、すべての教師が一つの科学教育のやり方をすべきであると言っているのではない。探究活動は多くの異なった側面を持っているので、教師は全米科学教育スタンダードで示されている理解力や様々な能力を発達させるための多彩な戦略を使用させる必要がある。（NRC, 2000, p.5）　　　　　　　　　　　　　　（下線筆者）

　ここで述べられている「プロセスとしての科学」は、「探究の過程」を学ぶ学習、すなわち本章第 3 節 3.5 で述べた「プロセス・スキル」に近い学習のことを指している。上述の「スタンダードにはプロセス・スキルの要素がすべて入っている」（NRC, 2000, p.134）という記述から "Inquiry" においてプロセス・スキルは大切であることが分かる。一方、「全米科学教育スタンダードは、『プロセスとしての科学』以上のものを求めている。これまで、『プロセスとしての科学』が意味することは、児童・生徒が観察したり、推測したり、実験したりする能力を学習することであった。探究活動こそが科学の学習の中心になるのである」（NRC, 2000, p.4）という記述と、「教師は全米科学教育スタンダードで示されている理解力や様々な能力を発達させるための多彩な戦略を使用させる必要がある」（NRC, 2000, p.5）という記述から、全米科学教育スタンダードは、「プロセス・スキル」の学習に終始せず、探究活動を科学の学習の中心にして、プロセス・スキル以外の様々な能力を発達させることも視野に入れて多彩な授業をすべきであると述べているのである。

　NSES 第 6 章では、内容スタンダードとして次の 8 つのカテゴリーを紹介している（NRC, 1996, pp.92-93）。

　①科学における統合概念とプロセス（Unifying Concepts and Processes）

　②探究としての科学（Science as Inquiry）

　③物理科学（Physical Science）

81

④生命科学（Life Science）

⑤宇宙および地球科学（Earth and Technology）

⑥科学と技術（Science and Technology）

⑦個人的、社会的観点から見た科学

　（Science in Personal and Social Perspectives）

⑧科学の歴史と本質（History and Nature of Science）

　この中で②の「探究としての科学」は科学教育における基本であり、究極的に児童・生徒の学習活動の配列と選択を導く１つの原理であると述べられている。そして、探究に関するスタンダードを、探究を行う能力と科学的探究についての理解を深めるための能力に分けて紹介されている。

　これらのことから、米国の"Inquiry"と、プロセス・スキルに代表される日本の「探究学習」は、大きく異なることが分かる。日本の「探究」の定義が多様であることは先に述べたが、米国では、NSESの増補版である"Inquiry"の解説書（NRC, 2000）を用いることで、教師は"Inquiry"についての共通理解を図りながら授業を行うことが可能となっている。この解説書によれば、どの学年においても、"Inquiry"は次の５つの教授・学習要素から成り立っている。

　　・学習者が科学的な質問に興味を持つ。

　　・学習者は質問に答えるための証拠に優先順位をつける。

　　・学習者は証拠に基づいて明確に説明する。

　　・学習者は自分たちの説明と科学の知識とを結びつける。

　　・学習者は他の人に説明とその正しさを伝える。

　表2.6.4は、この５つの段階（質問→証拠→説明→結びつける→正しさを伝える）を縦軸に、子どもの主体性を横軸にとった表である。

　この表から、日本における「探究学習」の視点に欠けているものとして、次の３点を挙げることができる。

　　・「結びつける」という学習段階における子どもの主体性は、日本においてあまり重視されてこなかった。科学の知識と結びつける段階では、教師主導の授業になることが多い。例えば教科書やプリントを読む。教師

第2章　構成主義学習論の視点に立った「科学的探究」学習構築の意義の検討

表2.6.4　教室の探究で見られる子どもの行動様式の分類（NRC, 2000）

違い				
特　徴	多い ◀―――― 学習者の主体的に取り組む場面の多さ ―――――▶ 少ない			
学習者が科学的な質問に興味を持つ。↓	学習者が質問をする。	学習者はいくつかの質問から1つを選び新しい質問をする。	学習者は先生や事物などから与えられた質問を絞り込んだり明らかにしたりする。	学習者は先生や事物などから質問を与えられる。
学習者は質問に答えるための証拠に優先順位をつける。↓	学習者は証拠となるものを測ったり集めたりする。	学習者がいくつかのデータを集める。	学習者はデータを与えられたり分析方法を尋ねられたりする。	学習者はデータや分析方法を教えてもらう。
学習者は証拠に基づいて明確に説明する。↓	学習者は証拠をまとめて明確に説明する。	学習者は証拠に基づいて説明を明確にするときに手伝ってもらう。	学習者は明確に説明するために証拠を使う方法を教えてもらう。	学習者は証拠を与えられる。
自分たちの説明と科学の知識とを結びつける。↓	学習者は独自に資料などで調べる。	学習者は科学的に知られている知識の領域や源を教えてもらう。	学習者は関係ありそうなことを与えられる。	
学習者は他の人に説明とその正しさを伝える。	学習者は伝えるために論理的に立証を行う。	学習者は伝えるための論の展開について指導を受ける。	学習者は手短に正確に伝えるための一般的な指針を与えられる。	学習者は伝えるための段階と手順を教えてもらう。
少ない ◀―――― 学習者が先生や事物から与えられる量 ―――――▶ 多い				

が黒板に書いた文字を、子どもがノートに書き写すといった授業形態が多い。

・「正しさを伝える」という学習段階における子どもの主体性も、日本においてあまり重視されてこなかった。したがって、日置（2008）が述べているように、我が国の理科教育では、現象を科学的に説明する能力の育成に課題が見られる。

・子どもの主体性を期待するが、教師が支援して達成できた活動であっても、それを"Inquiry"とみなしている。子どもは個々において主体性の度合いが異なり、教師が手伝ってあげることで、徐々に主体的な学びができるようになると捉えている。

上述の3つの問題提起は、日本の「探究的な学習活動」の在り方を考える上で重要な視点となり得る。

6.5 米国教育改革の新しい潮流

1980年代から米国で重要視されていたSTS教育の流れは、今日では STEM（Science, Technology, Engineering and Mathematics）教育へと移行している。

米国の科学教育改革を推し進めてきた中心的な人物であるバイビー（Bybee, R. W.）（2010）は、STEM教育について、「私たちは生きる上で、科学と数学だけでなく、科学技術と工学の産物の恩恵にあずかっています。真のSTEM教育は、物がどのように働き、どのように科学技術を向上させたらよいかについて、子どもたちの理解を深めるものでなくてはなりません」と述べている。そして、NSESを発行したNRCによって、2011年に、STEM教育の解説書 *Successful K-12 STEM Education: Identifying Effective Approaches in Science, Technology, Engineering and Mathematics* が発刊された。

堀田（2011）は、米国のSTEM教育について、「今日、アメリカでSTEM教育とは科学技術と数学を基礎に展開する科学技術人材育成の戦略と考えられており、児童生徒の科学技術への理解増進に始まり、広くは市民における科学技術リテラシーの普及・向上に及ぶものと考えられている」と述べている。このように、今日の米国の理科教育では、科学と数学は科学技術や工学と密接に関わっていて、私たちの生活になくてはならない存在として、総合的に理解を図ることが重要視されているのである。このことは、第1章第3節3.1で述べたように、トランス・サイエンス領域の重要性が増大していることを示していると捉えることができる。

オバマ政権下、NRCは、2010年1月から、「新科学教育スタンダードのための概念枠組み」の開発に着手した。これについて堀田（2011）は、1989年の *Science for All Americans* や、NSESなどの、全米基準策定の取り組みの流れをくむものだと述べている。そして、2012年4月にNRCは、その成果として、*A Framework for K-12 Science Education Practices, Crosscutting Concepts and Core Ideas*（以下、Framework for K-12）を刊行した。さらに、多くの研究グループが共同で開発を行い、翌2013年に、新しい全米科学教育スタンダードNGSSが発表された。

第 2 章　構成主義学習論の視点に立った「科学的探究」学習構築の意義の検討

　Framework for K-12（NRC, 2012）は、下記のように 3 つの章、13 の節で構成されている。

第 1 章　K-12 科学教育が目指す将来像
　第 1 節　新しい概念のフレームワーク
　第 2 節　フレームワークを受け入れ作り上げるためのガイド
第 2 章　フレームワークの特性
　第 3 節　科学的・工学的な実習
　第 4 節　横断的な概念
　第 5 節　学問上コアとなる考え方——物理科学
　第 6 節　学問上コアとなる考え方——生命科学
　第 7 節　学問上コアとなる考え方——地球と宇宙の科学
　第 8 節　学問上コアとなる考え方——工学・科学技術・科学の利用
第 3 章　将来像の認識
　第 9 節　3 つの学問を統合すること
　第 10 節　実施：カリキュラム、教授、教師の熟達化、評価
　第 11 節　科学と工学教育における公平性と多様性
　第 12 節　スタンダード啓発者のための手引き
　第 13 節　未来を見据えて：K-12 科学教育スタンダードに提供
　　された研究と成果

なお、Framework for K-12（NRC, 2012）の第 3 章第 9 節で示されている 3 つの学問とは、下記の通りである。

・科学的・工学的な実習。
・横断的な概念は、領域を横断する共通の理論の適用によって、科学と工学の学習を統合する。
・学問上コアとなる 4 つの考え方の領域：物理科学、生命科学、地球と宇宙の科学、工学・科学技術・科学の利用。

　この 3 点から、Framework for K-12 の特徴は、学問上の領域を 4 つに分けるものの、すべてにおいて、科学的・工学的な実習を重視するとともに、領域横断的な概念の適用を図ろうとしていると捉えることができる。また、目次に、「工学（Engineering）」や「技術（Technology）」という言葉が散見さ

85

れることから、Framework for K-12 が、STEM 教育を具体的に推進しようとして作られたフレームワークであることが分かる。

　Framework for K-12 で特筆すべき点は、「横断的な概念（Crosscutting Concepts）」の適用を図ろうとしている点である。Framework for K-12（NRC, 2012）では、横断的な概念を下記のように 7 つ挙げている。

・パターン
・原因と結果：仕組みと説明
・大きさ、比率、総量
・システムとシステムモデル
・物質とエネルギー：流れ、循環、保存
・構造と機能
・安定性と変化

　この 7 つの横断的概念を、すべての領域において適用することで、学んだことが他の場面でも生かされるような学びのネットワーク化を図ろうとしているのである。このような、近年の米国に見られる学習理論に関わって、石井（2011）は、「構成主義」と「領域固有性」の 2 つの考え方を取り入れた「改訂版タキソノミー」を紹介する中で、「知識の習得と知的操作の発達とは、当初考えられていたほど明確に分かれているのではない」、「知識の習得には高次な知的操作が介在している。また、逆に、知的操作や問題解決の質と、既有知識の量や質とは、密接に関係しているのである」と述べている。この理論に基づいて、米国の科学教育改革の姿を見ると、新しい概念の獲得場面では、子どもは既有知識の具体例や関連する知識との構造化を図りつつ、横断的な概念を適用したり、推論などの知的操作を行ったりする過程によって、「知識」と「知的操作」が相乗的に発達して知識の再構成が図られると考えられていることが示唆される。また、「科学的探究」を活用する場面は日常生活の中にもたびたび起こることから、生涯にわたって継続するスキルであるという視点に立つならば、新しく獲得した知識を横断的概念の駆使によってすでに有している知識や科学的概念と関連づけながら自らの中で再構成していくスキルを身につけさせることが、理科教育において重要であると捉えることができる。

第2章　構成主義学習論の視点に立った「科学的探究」学習構築の意義の検討

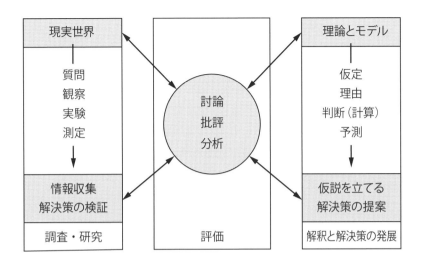

図2.6.5　科学者および工学者の3つの活動領域（NRC, 2012, p.45）

　最後に、Framework for K-12 および NGSS における「科学的探究」の実像を検討する。
　Framework for K-12 および NGSS では、"Inquiry" は、"Practices" という言葉に置き換わった。その理由について NGSS では、子どもたちは、科学的概念を知識として知るだけではなく、学習で分かったことを現実世界の科学的探究場面で使えなければならないし、重要な問題を工学的に解決できなければならない。スキルと知識が伴って初めてそれが可能となるので、「科学のプロセス」や「科学的探究」のスキルを "Practices" という言葉に置き換えたのだと述べられている（NGSS Lead States, 2013, p.48）。
　Framework for K-12 の第3節「科学的・工学的な実習」では、"Practices" に「探究」をどう組み込むかということに関わって、科学者と工学者の活動を例に、次のように図2.6.5が示されている（NRC, 2012, p.45）。
　図2.6.5は3つの部分に分かれている。左の部分は、調査・研究の部分である。ここでは現実世界における様々な観察・実験が求められている。何をどのように観察したり実験したりしたらよいか計画し、観察したり、実験したりする一連のスキルが求められる。

87

右の部分は、理論とモデルを導く部分である。新しいアイデアや理論を考え仮説を立てて、計算などによって検討し、仮説が正しかったならばどのようになるか予測を行うなどの思考実験を繰り返すのである。

　右と左の両者をつなぐのが、中央の部分である。ここは、物事を科学的、客観的に多角的に見つめ、感情または再現性の少ないエピソードなどの影響を受けず、科学的根拠・証拠から、より正しい答えに近づいていく思考法（Critical Thinking）が試される場である。

　科学者・工学者は、このような一連の活動を行い、新しい理論やモデル、製品を作っていると考えることができる。

　米国の科学的探究は、この表に示されているように、単なる机上の探究ではなく、現実世界に照らし合わせながら、科学的・工学的な側面から、常に正しさを評価しながら進行するようにデザインされていると捉えることができる。

　さらに、NGSS では、"Practices" の段階として、次の8つの段階を紹介している（NGSS Lead States, 2013, p.48）。

1. （科学的に）疑問を持ち、（工学的に）問題を明確にする。
2. 問題を解き、モデルを用いる。
3. 計画を立て、さらに実験方法を考える。
4. 分析し、データを読み取る。
5. 数学的、コンピュータ的な考え方を用いる。
6. （科学的な）説明を考え、（工学的に）解答を導き出す。
7. 証拠に基づき議論する。
8. 情報を得て、それを評価し、情報交換をする。

　石井（2011）は、「構成主義」と「領域固有性」の考え方を取り入れた米国の1つの学習観に関わって、データを検討したりクラスで議論したりする探究的な活動が生徒の既有知識の再構成を促すという考え方や、高次の知的操作を駆使し概念の意味を構成しながら学習を進めると学んだ知識は長く保持され、様々な状況で応用可能なものになるという考え方があることを紹介し、このような考え方が構成主義の学習観の具体化であると指摘している。

以上のように、STEM 教育と Framework for K-12 を中心に、米国教育改革の新しい潮流を探ってみた。米国では、構成主義学習論に依拠し、科学的概念をつなぐ知的操作に着目し、コアとなる考え方同士をつなぐ横断的概念をカリキュラムに位置づける取り組みを実践している。さらに、科学と現実世界をつなぎ、我々の生活が科学技術によって支えられていることを理解するとともに、技術者・開発者の育成へとつなぐカリキュラム作りに、国際社会における生き残りをかけた国家戦略として取り組んでいることが明確化したと言うことができる。

第7節　まとめ

本章では、構成主義学習論の視座から、我が国と米国の「探究」「科学的探究」に関わる学習理論の変遷を整理し、その教育理念を探ることをねらいとして研究を行った。その結果、次の5つの知見を得た。
・我が国の理科教育において「問題解決学習」および、それに類似した学習理論は、いずれも子どもが主体的に学ぶことを重視した理論である。
・「問題解決学習」と「系統学習」はどちらも重要であり、両者の相互作用によって教育の課程が成立すると捉えることができる。
・現在の我が国の小学校の理科教育において、「習得」と「活用」は重視されているが、世界的に注目されている「探究」が重視されていない実態がある。
・ヴィゴツキーの ZPD 理論の拡張的解釈によれば、子どもの生活的概念と科学的概念との相互作用を活発化させる場面と、子ども同士に情報の交換を活発化させる場面を、一定のサイクルで繰り返して学習を展開させることは、認知の再構造化の視点から、子どもの科学的概念の発達を促し、「熟達化」の効果が高いことが示唆される。
・米国の「探究：Inquiry」は、知識獲得のためにあるのではなく、学ぶスキルを身につけると同時に、学び方を学び、科学の本質を理解するために位置づけられている。

・米国の「探究：Inquiry」では、子どもの潜在的カリキュラムを承認しつつ、系統的な顕在的カリキュラムも視野に入れ教師の介入を重視している点において、我が国の「探究」の捉え方と異なる。また、その具体的な学習展開において、学んだことと科学者が明らかにしたことをつなげる過程と、自ら構築した科学的知識の正しさを他の人に伝える過程を重視している学習段階の存在は、我が国の「科学的探究」学習の在り方を検討する上で注視すべきである。

上述の「問題解決学習」「系統学習」「探究」に関わる知見を構成主義学習論の視点から整理すると、その関連性は次の2点に集約される。

第一に、「問題解決学習」と「系統学習」の相互作用を重要視した構図は、水平的相互作用と垂直的相互作用の構図と関係づけて捉えることができる。すなわち、「問題解決学習」は一見遠回りに見える学習形態をとりつつも、学ぶことを学ぶ学習であるがゆえに、子どもたちは多角的にものを見つめ様々なことを学ぶ機会に恵まれるという点において、自分の認識とは異なる事例や考え方に出会う水平的相互作用と同期する。また、科学の体系を意識して子どもの学びを整理する「系統学習」の過程は、生活的概念と科学的概念の相互作用によって両者の深化・拡張を図ろうとする垂直的相互作用と同期する。したがって、「問題解決学習」と「系統学習」の相互作用を重視することは、子どもの科学的概念の発達を促進させることが示唆される。

第二に、米国の「探究：Inquiry」は、我が国の「問題解決学習」の学習段階を包含し、さらには系統的な顕在的カリキュラムも視野に入れ教師の介入を重視していることから、子どもの科学的概念の構築に必要な要素を多く取り込んだ教授・学習理論であると考えられる。

以上のことから、我々が目指すべき「探究」とは、我が国の伝統的な「問題解決学習」と「系統学習」を有機的に結合させ、構成主義学習論に依拠し、欧米諸国の事例を参考にしながら、子どもと教師が共につくりあげる教授・学習の形態の具現であると言えよう。このような、目指すべき「探究」構築の道筋は図2.7のように示すことができる。

しかし、実際には〈目指すべき「探究」〉を教育現場に導入する道のり

第 2 章　構成主義学習論の視点に立った「科学的探究」学習構築の意義の検討

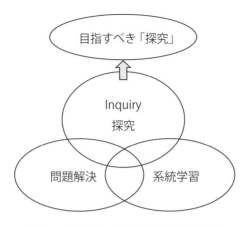

図2.7　〈目指すべき「探究」〉構造の道筋

は険しいと言わざるを得ない。なぜならば、表2.6.3 右列に示した米国の「伝統的な教育環境」の記載と、我が国の実状に重なる部分が多く見受けられるからである。例えば、1 教室に 30 人以上もの子どもがいる教室において、教師は多くの子どもの安全を監督する管理者でなければならず、教授・学習においても個に応じて展開を図ることには限界があるので、案内役（Facilitator）に徹することが困難で知識の提供者になるのもやむを得ない実状がある。このような場合、教師と子どもの双方向的なコミュニケーションを実現することは困難であり、子どもは必然的に教師から与えられる情報を受動的に受け取る存在になりやすい。また、評価においては、ポートフォリオを活用した評価、パフォーマンステスト、形成的評価、オーセンティックアセスメントなど、様々な実践的研究と提言が行われているが、実際には、子どもの学習成果を記入する公的な文書である指導要録に「知識・理解」や「科学的思考力」という観点があり、教師は客観的に子どもを評価する必要があることから、必然的に伝統的な基準に照らし合わせたテストに依存することが多くなる傾向がある。「系統学習」の考え方に基づくならば、子どもが理解したことを知識として蓄積していくことは重要であり、評価に値すべき事実であると言える。しかし、子どもの理解の度合いは知識を問うペーパーテストだけでは測れないことは、オーセンティックアセスメントの考え

表2.7 〈目指すべき「探究」〉と〈伝統的な教授・学習〉の教室環境の比較

	目指すべき「探究」を実現する教育環境の在り方	伝統的な教授・学習が行われる教育環境の実状
1学級の子どもの人数	1学級30人未満。	1学級30人以上。
教師の在り方	案内役（Facilitator）。	教室の管理者。知識の提供者。
教師と子どものコミュニケーションの在り方	教師の個に応じた指導により、双方向コミュニケーションを実現させ、子どもは能動的に学習を行う。	教師から一方的に与えられる情報を主とし、子どもは受動的に学習を行う。
評価の在り方	一人ひとりの製作物やノートを見たり、発話を記録したり、行動や技術を見取ったりするなど、オーセンティックアセスメントの考え方を用いる。	広い範囲にわたる学習内容についての記憶の保持を子どもに試す。

方によって提起されている。広い範囲に渡る学習内容についての記憶の保持を子どもに試すことは、先に述べた表2.6.3右列に示した米国の「伝統的な教育環境」に適合することになり、子どもの潜在的なカリキュラムを承認しようとする構成主義学習論に依拠した〈目指すべき「探究」〉からの乖離が起こるものと考えられる。しかし、これを回避するには、一人ひとりの製作物やノートを見たり、発話を記録したり、行動や技術を見取ったりするなど、時間をかけて個に応じた評価をすることになるので、現実的には困難である。

このように、〈目指すべき「探究」〉を実現するためには、様々な乗り越えるべき課題について検討するとともに教師の意識改革が必要である。〈目指すべき「探究」〉と〈伝統的な教授・学習〉の違いは表2.7のように整理できる。

表2.7から、1学級の人数が教育環境の在り方を大きく左右しているように読み取られがちである。しかし、1学級の人数が30人未満になったとしても、教師の在り方や教師と子どものコミュニケーションの在り方、評価の在り方が改善されなければ、〈目指すべき「探究」〉を実現することはできないと読み取ることができる。なぜならば、教授・学習においては、表2.6.4の指摘の通り、教師と子どものコミュニケーションの在り方が、子どもの学習に大きな影響を与えると考えられるからである。

〈目指すべき「探究」〉の実現のためには、理論に基づいた地道な事例的研

究の蓄積を待たなければならず時間のかかることであるが、欧米諸国の動向を踏まえながら研究を行うことで、その精度を高め、研究の速度を速めることができる。今後は、我が国の伝統的なカリキュラムのよさと、欧米諸国の「探究」の考え方を融合させ、事例的研究を活発化させて議論し、理論と実践を基盤とした〈目指すべき「探究」〉の醸成を図る必要がある。

註

1　構成主義学習論に関わって、森本・中田（1998）は、「全ての知識は、子ども一人ひとりが多様な事象にはたらきかけ、その経験から何か意味をつくり出そうとするときに、彼ら一人ひとりの中に構成される。こうした認識論的な見解を、一般的には構成主義と呼ぶ」と述べている。

第 3 章

「科学的探究」学習による生活科授業デザイン
── 鳥の巣を教材として ──

第1節　問題の所在

　今日の子どもたちは、都市化の影響による屋外の安全性への懸念や多種多様な室内用個人用玩具の所有等の要因により、屋外で遊ぶ機会が減り、自然体験は量的にも質的にも希薄になってきていると言える。自然体験の教育的意義に関わって、小林（2012）は、脳科学の視点から、幼児期から10歳までに五（官）感を通した豊かな自然体験をさせることが長期記憶に残り、後に学ぶ内容と関係づけられ生きて働く知識になると述べている。また、小林（2012）は、豊かな自然の中で体験させることは、生きとし生けるものすべてに存在価値を感じ、それらを尊重する日本の自然観とともに豊かな感性や感謝の気持ち、意欲や忍耐力等、生きる力の根源的な能力を育むことにつながると述べている。これらのことから、小学校低学年において、自然体験を豊かにする教育活動の充実が課題となっている。

　自然体験に関わって、中央教育審議会答申（2008）「幼稚園、小学校、中学校、高等学校及び特別支援学校の学習指導要領等の改善について」（平成20年1月17日）では、「気付きの質を高め、活動や体験を一層充実するための学習活動を重視する。また、科学的な見方や考え方の基礎を養う観点から、自然の不思議さや面白さを実感する学習活動を取り入れる」と、生活科改善の基本方針が示されている。この答申の背景には、生活科授業において体験が知的な気付きに高まっていかないという課題があった。生活科と理科のゆるやかな接続という観点からも、小川（2008）は、生活科において科学的な見方や考え方の基礎を養うことが重要であると指摘している。

　そこで、本章では、子どもの自然体験を豊かなものとし、さらに知的な気付きの質を高めるために、「科学的探究」の基礎を取り入れた生活科の授業デザインの検討を行う。一般的に「科学的探究」は、理科教育の枠組みの中で議論されることが多い。しかし、周知の通り、平成元年から我が国の小学校低学年には理科教育がなく、「科学的探究」の基礎を取り入れた生活科授業の研究は一瞥のところ見当たらない。したがって、「科学的探究」の視点から、知的な気付きの質を高める生活科学習の授業デザインを検討すること

第3章 「科学的探究」学習による生活科授業デザイン

は有意味であると考えた。

本章において中心的なテーマである子どもの自然認識の発達に関わって、船元（1980）は、「自然の事物・現象に関する既成の知識を理解したり、記憶したりするだけでなく、その知識がどのような過程を経て出来上がるものであるかをも含めて学習し、自然を身近に、生々しく把握する状態が自然認識である」と述べている。このことから、自然認識は個々の子どもが自ら体験を積み重ねながら思考し、新しい概念を獲得する過程で発達すると考えることができる。自然認識の発達と同様に、子どもの側に立ち、子どもの内面で起こる学びの構造を明らかにしようしてきた理論の1つが構成主義学習理論であることから、本章では構成主義学習理論を基盤として自然認識の発達に関わる論の展開を行う。

構成主義学習理論に関わって佐藤学（1996）は、「デューイの学びの理論、ピアジェの発達理論、ヴィゴツキーの発達理論などは、いずれも学びを言語を媒介として世界の意味を構成する活動として理論化しており、構成主義の代表的な理論である」と述べている。

デューイ（Dewey, J.：1859-1952）の理論は、「経験主義」として、戦後の日本の教育に多大な影響を与えた。しかし、「経験主義」は日本において誤解されることが多く、行き過ぎた児童中心主義となって学力低下を引き起こしたと言える。今日では、デューイの学びの理論は再評価されている。例えば、市村は、デューイの理論は、教師―生徒という二項対置の構造ではなく、その仲立ちをする人や教材といった中間者の関わりを強く意識し、経験の再構成論や相互作用論に見られる非二元論的な経験概念を先取りしていたと指摘している（デューイ, 1938b, 訳, 市村, 2004, p.154）。

ピアジェ（Piaget, J.：1896-1980）は、子どもの思考の発達段階を明らかにしたことで広く知られている。しかし、今日では、同一の子ども、大人であってもどのくらい成熟した知識を持つかは領域によって異なるという認識の領域固有性の考え方（稲垣, 2006a）が認知科学において台頭しており、ピアジェの思考発達段階説の通りに子どもの認知の過程を区切ることはできないという考え方が一般的である。この件に関わって、ケアリー（Cary, S.）（1994）は、ピアジェ理論については批判的な見解が散見されると述べた上

97

で、「ピアジェ理論は、われわれが処理しやすい程度に発達的変化を説明する際の作業を絞り込む見通しというものを示したものである」と、その功績を紹介している。

　ヴィゴツキー（Vygotsky, L. S.：1896-1934）は、ピアジェと同時代に生きたが、ヴィゴツキーは、「ピアジェは、子どもの思考の社会化そのものも、実践のそとで、現実と切り離して、思想の発達をもたらす精神の純粋な交流として、見ている」（ヴィゴツキー, 1956, 訳, 柴田, 2001, p.90）と、ピアジェに対して批判的な見解を示し、子どもの発達は他人への社会的言語機能が分化することで発生する自分への言葉によってもたらされると指摘した（ヴィゴツキー, 訳, 柴田, 2001, p.383）。

　ヴィゴツキーの理論は様々な教科の研究に援用され拡張的解釈が試みられてきた。理科教育においては、森本（1999）が先駆的に、子どもと自然事象をつなぐ媒介の存在を、各自が固有性を持つ学びの仕組みを説明するモデルとして、その有効性を示した。また、自然認識の萌芽の構造と構成に関わって、小川哲男（2007）は、ヴィゴツキーの理論のモデル化を行い、生活的概念と科学的概念の相互作用を重視した授業デザインの要件を整理した。今日、構成主義学習論はエンゲストローム（1999）や山住（2004）によって、文化歴史的活動理論の文脈に組み込まれ、さらなる拡張的解釈が試みられている。

　このような構成主義学習論に基づいた教授・学習理論の枠組みの中で生活科授業が語られることは稀である。しかし、生活科の目的の1つに合致する「自然認識」の発達において、素朴概念を含んだ「科学的概念」構築の基礎を発達させることだと捉えるならば、生活科において構成主義学習論に依拠した「科学的探究」学習の適用の可能性を検討することには価値があり、このことによって初めて、生活科授業と理科教育のゆるやかな接続の在り方を分析・検討することが可能になると考えられる。したがって、生活科授業を構成主義学習論に依拠した「科学的探究」の視点で再構築し、事例的研究を行うことは有意味であると考え研究を進める。

第3章 「科学的探究」学習による生活科授業デザイン

第2節 研究の目的

　本章の研究では、子どもの自然認識の発達の視座から、生活科における「科学的探究」学習の有用性について検討を行う。

　そのため、第一に教授・学習における子どもの自然認識の拡張モデルの構築を図る。第二に小学校低学年に適用可能な生活科授業における「科学的探究」の基礎について、1996年に刊行された『全米科学教育スタンダード：NSES』（NRC, 1996）の視点から検討を行う。第三に、子どもの自然体験を豊かにし知的な気付きの質を高めるために、「科学的探究」の基礎に「協同学習」と「素朴生物学」の理論を組み入れて、生活科の授業デザインの構築を図る。第四に、構築した授業デザインに則した事例的研究を行い、どのような場面で子どもの自然体験が豊かになったか、また、気付きの質が高まったかについて、教授・学習の視点から検討を行う。

第3節 自然認識の拡張

　第2章では、ZPD理論を中心に構成主義学習論について概括的に整理してきた。ここからは、これらの理論を「自然認識」の発達の視点から捉え直し、さらに文化歴史的活動理論と関連づけて論究する。

3.1 自然認識の発達段階

　遠西（1998）は、構成主義的理科学習では子どもを科学者と同じ自然解釈理論の創造者とみなし、自然と積極的に関わりながら自分自身の内面に自分なりの固有な自然観を創り出していこうとしながら、自然を解釈する存在と捉えていると述べている。また、遠西（1998）は、自然認識研究において、子どもの理論は状況依存的であり、信念と言えるほど強固なものではないにも関わらず、授業では頑固に自分の考え方を変えようとしない事例が多いと

99

指摘している。

「自然認識」に関わって、森（1992, pp.43-44）は、子どもの発達の契機となるものはピアジェのように内的なものだけではなく、さりとて外的な環境だけでもなく、子どもの環境との相互作用そのものにあると述べている。また、森（1992, pp.43-44）は、「自然認識」は論理操作のみで獲得されるものではなく、子どもが自然との出会いによって「おや！ どうしてだろう」という積極的な疑問から、「調べてみよう」という問題意識に至り、外界を自らの中に内化する知覚体験が大きな役割を果たすと述べ、次のように「認識の3段階説」を提唱している。

・第1段階：先行経験では説明のつかない新しい事実に気付く（「おや！ どうしてだろう」という驚きの段階）。
・第2段階：生じた内的矛盾を統一的に解決（止場）し、それを言語によって表現する（「わかった！ そうなのか」と葛藤を克服する段階）。
・第3段階：それによって他の事実を説明することにより、止場した内容と他の事実との論理的関係を明確化する（「あの場合とは、こんな関係にあったのだな」という一般化の段階）。

この3段階は、第2章第4節4.2.1で述べた、デューイの「探究」の3場面、すなわち「不確定な混乱した状況」「変容する過程」「統一された確定し

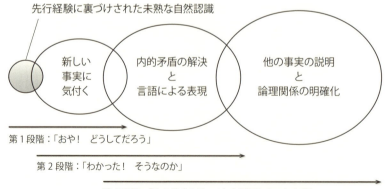

図3.3.1　自然認識の3段階説（白數・小川, 2013a）

第3章 「科学的探究」学習による生活科授業デザイン

た状況の獲得」の配列とよく似ていることから、「探究」の進行が「自然認識」の発達を促す可能性が示唆される。

　子どもは先行経験に裏づけされた未熟な自然認識を有している。この自然認識が、外界からの様々な刺激を受けて変容していくのである。デューイはこれを不断の再構成と呼んだが、再構成された自然認識はもとの自然認識を包含するのではなく、葛藤場面を克服する過程を通して、一部修正されて、より汎用性の高い認識として拡張しながら変容するのだと考えられる。したがって、この自然認識の3段階説の考え方は、図3.3.1に示すように、自然認識を変容させながら拡張していく場の図式として表すことができる。

3.2　文化歴史的活動理論——ZPDの水平的拡張

　山住（2004, p.69）は、ヴィゴツキーが提唱した文化歴史学派を起源とする、文化歴史的活動理論（以下、活動理論）の原理について、「人びとの協働によって創造される多様な社会的実践活動を対象に、その分析とデザイン、そして変革を統合した研究を展開する領域横断的なパラダイムである」と定義づけている。また、山住（2004, p.69）は、ZPDを水平的拡張によって捉え直そうとする考え方は時代の変遷とともに移行しているとし、次の3つの世代を指摘している。
　・第1世代：ヴィゴツキー研究にもとづく「媒介された行為」に関わる考
　　え方。
　・第2世代：レオンチェフの研究にもとづく「集団的活動」に関わる考え
　　方。
　・第3世代：エンゲストロームの研究にもとづく「水平次元」を基礎とす
　　る考え方。
「水平次元」に関わる考え方についてエンゲストローム（1999, pp.6-7）は、次の3点を提示し、発達の再概念化を提案している。
　・発達は、習得の達成にとどまるのではなく、古いものを部分的に破壊し
　　ていく拒絶と見なされるべきである。
　・発達は、個人的な転換にとどまるのではなく、集団的な転換と見なされ

101

るべきである。
・発達は、レベルを垂直的に超えていくことにとどまるのではなく、境界を水平的に横切っていくことであると見なされるべきである。

これらの中で、第1の「古いものを部分的に破壊していく拒絶」は、図3.3.1に示した自然認識の3段階で、輪の重なりがずれながら移行する様相と合致する。

さらに、活動理論においては、ZPDを個人の現在の日常的行為と、社会的活動の歴史的に新しい形態という内的矛盾を抱えた両者の間の距離であると捉えている（エンゲストローム, 1999, p.211）。

これに類似して、構成主義学習論においては、「生活的概念」を基盤とした、子どもが構成する固有な考え方の世界である「潜在的なカリキュラム」と、「科学的概念」を基盤とした公的なカリキュラムである「顕在的カリキュラム」の関係も、学習の初期においては内的矛盾を抱えた状態にあると捉えることができる。

以上のように、活動理論の立場からZPDの拡張について検討したことを自然認識の発達の道筋に援用すると、内的矛盾を抱えた状態にあるZPDの

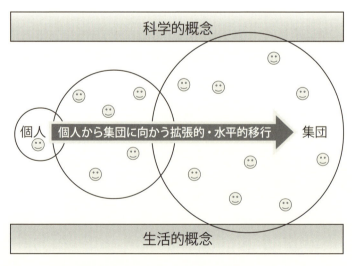

図3.3.2 文化歴史的活動理論における自然認識の拡張（白數・小川, 2013a）

第3章 「科学的探究」学習による生活科授業デザイン

場を、個人から集団へと、拡張的・水平的に横切る道筋を通ることによって自然認識が発達するのだと捉えることができる。この変容の過程は図3.3.2のように集約できる。

さらに図3.3.2は、次のように意味づけることができる。

・自然認識は徐々に変容しながら再構成され、拡張していく。

・個人的な自然認識は、徐々に他者とつながることで、集団的に拡張する。

・自然認識の拡張により「生活的概念」と「科学的概念」の間隙は埋まり、内的矛盾は解消に向かう。

3.3 自然認識の拡張モデルの構築

本研究では、自然認識の発達に関わって、これまで述べてきた次の3つの理論的要素を重ね合わせ、理科教育における自然認識の拡張モデルの構築を試みた。

① ZPD の場における熟達化の構造

・第2章の図2.5.1に示した通り、ZPD の場における子どもの熟達化の発達は、子どもと教師による垂直的な相互作用と、子どもと子どもによる水平的な相互作用の交わりによって促される。

・垂直的な相互作用は、科学的概念から生活的概念へ進む場合と、生活的概念から科学的概念へと進む場合があるので上下の2本の矢印で示される。

・熟達化が進むと、自然認識の拡張を表す輪は、徐々に大きくなっていく。

②自然認識の3つの段階を経た拡張

・図3.3.1に示した通り、自然認識の3段階説によれば、先行経験に裏づけされた未熟な自然認識は、「新しい事実に気付く」「内的矛盾の解決と言語による表現」「他の事実の説明と論理関係の明確化」の3つの段階を経て拡張すると考えられる。

・自然認識の拡張を輪で表現すると、生じた内的矛盾を統一的に解決する

103

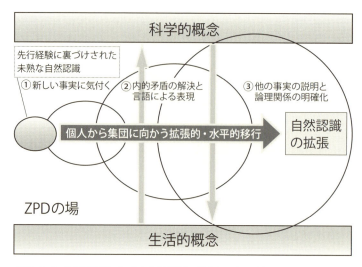

図3.3.3 理科教育における自然認識の拡張モデル（白數・小川, 2013a）

過程で変容することから、部分的に重なりを有し拡大しながら移行していく構造の輪として表現できる。
③活動理論における自然認識の拡張
・図3.3.2に示した通り、活動理論によれば、自然認識の拡張は、内的矛盾を抱えた状態にあるZPDの場を、個人から集団へと、拡張的・水平的に横切る道筋であると捉えることができる。
・拡張の過程で自然認識は変容する。
・自然認識の拡張によって、生活的概念と科学的概念は融合する。
上述した3点を踏まえて、構築したモデルが図3.3.3である。

3.4 理科教育における自然認識の拡張モデルの理論的検討

図3.3.3に関わって生活科および理科教育における自然認識の拡張モデルの理論的検討を試みたところ、次の3つの知見を得た。
①ある単元の学習の初期において、発達の可能性を有する未熟な自然認識を揺さぶり、子どもに「おや！」と思わせ、変容の機会を与えることが

第3章 「科学的探究」学習による生活科授業デザイン

必要であることが示唆される。

②状況依存的である子どもの素朴概念の変容は、教師の指導だけでは十分に図られないと考えることができる。したがって、子ども同士による水平的思考が、生活科および理科教育に必要不可欠であることが示唆される。

③生活科および理科教育では、自ら獲得した新しい考え方を他の場面に当てはめて一般化を図る過程が重要となる。ここでは、さらに多くの人の考え方を取り入れることが重要であるが、論理関係の明確化を図る上で、教師による指導は欠かせない。単元の学習の最終場面では、水平的相互作用と垂直的相互作用の相乗効果によって、生活的概念と科学的概念の融合という帰結を見ると考えることができる。

これまで述べてきたように、子どもの自然認識の拡張のためには、自然認識を揺さぶり変容させることを意図しつつ、水平的思考を育むべく、子ども同士の関わり合いの場を保証する必要があるという知見が得られた。このことを生活科および理科教育に援用すると、教師が子どもに科学的概念を示すことは重要であるが、同様に子ども同士の学び合いを重視し、異質な考え方を個々の子どもが取り込んでいく過程も重視すべきであると言える。この過程において子どもは学びの集団として知識の再構成を図り、自然認識は拡張し、文化歴史的に新しい次元へと移行していくと考えられるのである。

第4節　生活科授業で気付きの質を高める「科学的探究」の基礎の検討

4.1　「科学的探究」の生活科への援用
──『全米科学教育スタンダード』の視点から

我が国において「探究」や「探究的な学習」には様々な解釈が存在し、はっきり定義づけられているとは言い難い。我が国に「探究」の考え方が広がった背景には、1960年代に米国で起こった「理科教育の現代化運動」の影響がある。そこで、本書では、米国の Scientific Inquiry を「科学的探究」

105

表3.4.1a 『全米科学教育スタンダード』における「科学的探究」の定義および、小学校第4学年までに子どもが身につけておくべき「科学的探究」に関わる能力と理解

定義	科学的探究とは、科学者が自然界を研究し、それらの研究から導かれた証拠に基づいた解釈を提案する過程で用いられる種々の方法のことである。
「科学的探究」を行うために必要な能力	・物体、生物、そして環境の中の事象について問いを立てる。 ・単純な研究を計画し、実践する。 ・データを集め感覚を拡張するために単純な機器や道具を用いる。 ・合理的な説明をするためにデータを用いる。 ・研究結果と説明を伝達する。
身につけておくべき「科学的探究」に関わる理解	・科学研究は、問いを立てそれに答え、世界について科学者がすでに知っていることとその答を比較することを含んでいる。 ・研究のタイプには、記述、分類、明瞭な検証（実験）などがある。 ・器具を用いると、感覚で得るよりも多くの情報が得られる。 ・科学者は、科学知識と研究から得られた証拠に基づいて説明を展開する。 ・科学者は自分の研究結果を公開し、他の研究者が追試できるような方法で研究結果を記述する。 ・科学者は、他の科学者の研究結果を再検討し、疑問を持つ。

と訳し、米国における Scientific Inquiry の考え方に依拠して「科学的探究」の基礎について、生活科授業の視点から検討を行う。

全米の理科教育の指針である NSES（NRC, 1996, pp.112-115）で述べられている「科学的探究」の定義と、小学校第4学年までに子どもが身につけておくべき「科学的探究」に関わる能力と理解についてまとめたのが表3.4.1a である。

表3.4.1a から、米国の理科教育では「科学的探究」のスキルを身につけさせるだけでなく、「科学的探究」が科学者にとって重要であることを理解させることにまで視野を広げて捉えられていることが分かる。

米国の「理科教育の現代化運動」の影響を受けて我が国で広まった探究学習の評価について貫井・平野（1998）は、「単に探究の過程のプロセスだけを踏むだけで、内容がともなわない、形骸化したものと批判されるようになってきた」と指摘している。したがって、「科学的探究」の基礎を生活科授業に取り入れる際に、「科学的探究」のプロセスを踏むだけでは意味がないと考え、直接体験によって実感を伴った共通のイメージが持て、子どもの気付きの質の高まりが期待できる要件を表3.4.1a から抽出し、生活科授業に援用して整理したのが表3.4.1b である。

第3章 「科学的探究」学習による生活科授業デザイン

表3.4.1b 生活科授業における「科学的探究」の基礎の定義と、気付きの質を
高めるために身につけさせたい「科学的探究」に関わる能力と理解

定義	生活科授業における「科学的探究」の基礎とは、子どもが自然界を調べ、観察や実験によって分かったことの正しさを示す過程で用いられる、種々の方法のことである。
「科学的探究」の基礎を行うために必要な能力	・「観察」によって自然界の不思議さに気付くことができる。 ・「実験」や「ものづくり」による直接体験を伴う研究を計画し、実践することができる。 ・研究で分かったことを他の人に「伝える」ことができる。
「科学的探究」の基礎に関わる理解	・「観察」や「実験」や「ものづくり」の過程で考えたことと、科学者がすでに明らかにしたこととを関係づけることで、自分の知識が確かなものになることが分かる。

　表3.4.1bの「科学的探究」の基礎を行うために必要な能力の内容から、生活科授業において気付きの質を高める「科学的探究」の基礎を行う場面は、大きく①観察の場面、②実験やものづくりの場面、③伝える場面、の3つの段階があることが分かる。また、「科学的探究」の基礎に関わる理解の内容から、上述の①〜③すべての段階において、科学者の考えと関係づけて捉えさせることによって、気付きの質が高まっていくと考えることができる。

4.2　協同学習の生活科への援用——認知科学の視点から

　関田・安永（2005）は、協同学習（Cooperation Learning）とは、協力して学び合うことで学ぶ内容の理解・習得を目指すとともに、協同の意義に気付き、協同の技能を磨き、協同の価値を学ぶことが意図される教育活動を表す専門用語であると述べている。また、大黒（2012）は、理科教育における協同学習について、事象との出合いから科学的追究の過程を経て法則性や結論にたどりつく知的な活動は、個人の頭の中だけで行われるのではなく、人と人、人と道具などによって編成される社会的な行為として捉え直されようとしていると述べている。このような、認知科学の視点から見た協同学習の意義は、発達の最近接領域理論を基盤とした社会的構成主義（Social Constructivism）においても、社会文化的アプローチにおける正統的周辺参加（Legitimate Peripheral Participation）においても、文化歴史的活動理論

107

（Cultural-Historical Activity Theory）においても、中心的なテーゼとなっている。これらの理論に依拠し、実践的な学びの場を作ろうとするクリエイティヴラーニング（Creating Learning）に関わってIbaら（2011）は、子どもたちの学びのパターンを、①私の発見、②あなたの発見、③私たちの発見という3つの段階で拡張すると考えている。このような協同学習の考え方を生活科授業に援用すると、自分が直接体験を積むことによって友達の直接体験との接点が増え、体験を伴った知識の相互交流によって互いの理解が進み、やがては学びの集団として知的な気付きの質が向上していくと考えることができる。

4.3　素朴生物学の生活科への援用──アニミズム的傾向の重要性

　就学前期の子どもは、新しい事物・現象に出合ったときに、それをいったん人間に置き換えて理解しようとするアニミズム（擬人化）的傾向や、人間との相違点を類推して理解しようとする傾向を持っていることは広く知られている。このような子ども固有の認識論的傾向の解釈は、近年の素朴概念研究によってもたらされてきた。稲垣・波多野（2005）は、素朴概念の研究の成果として、生物学的知識が拡張する可能性がある場面として、次の2つの場面を紹介している。
　　・動物飼育といった直接経験で擬人化や人間との類推を用いる場面。
　　・絵本を読んだり、テレビを見たり、両親と会話したりする間接的経験で新しい情報を得るときに、擬人化や人間との類推を用いる場面。
　稲垣・波多野（2005）は、この2つの場面によって、就学前の子どもが多くの誤りを生み出さずにもっともらしい予測を生み出すことができると述べ、アニミズム的傾向の重要性を指摘している。このことを、生活科の学習の場面に援用すると、生き物を観察するなどの直接経験および、絵本などを利用した間接経験の双方の場面において、該当する生き物を自分に置き換えて心情的に理解したり、自分と比較して論理的に相違点に気付いたりできるように、学習場面を設定することが望ましいと言える。
　また、素朴概念の解明に関わって、堀（1998）は、子どもを、「もっと他

第3章 「科学的探究」学習による生活科授業デザイン

のことを考えているのではないか」「もっと適切に奥深く考えているのではないか」と、教師が深くかつ的確に診断することが必要であると述べている。

さらに、低学年の生活科における素朴概念に関わって、湯沢（1995）は、生物学的知識の再構造化は、知識が単なる事実として子どもに伝達されても生じにくく、身近な動物や植物について、それらも自分たちと同じように生命を持ち成長していることに驚き感動をもって気付くときに達成されると指摘している。

これらのことから、小学校低学年の生物学的知識の拡張において、教師は生物学的知識を伝えるだけではなく、生き物をより身近に感じる直接経験を重視し、子どもの声に耳を傾け、子どもの驚きや感動を価値づけていくことが重要であると言える。

以上のことから、低学年の子どもの発達において、アニミズム的傾向を重視し、アニミズム的傾向を積極的に活用し、生物学的知識の再構造化を図ることを意図した生活科授業は有意味であると考えることができる。

4.4　生活科授業において気付きの質を高める 「科学的探究」の授業デザイン

生活科授業において気付きの質を高めるために、『全米科学教育スタンダード』の「科学的探究」の基礎的要件に、協同学習と子どものアニミズム的傾向の積極的な活用を組み込んだ授業デザインのモデル図を図3.4.4に示した。なお、教材は、子どもたちに観察が可能で親しみを持ちやすい「鳥の巣」を位置づけ、授業デザインの構築を図った。

図3.4.4は、次の4つの理論的背景を基盤としている。

・学習を巣の「観察」から始め、次に巣をまねして作ってみるという「実験」または「ものづくり」を行い、最後に自分たちが鳥に扮する「劇を作り演じる」という3つの段階は、『全米科学教育スタンダード』における「科学的探究」の能力に関わる考え方を援用している。

・「実験」または「ものづくり」と「劇を作り演じる」場面で、巣の研究

109

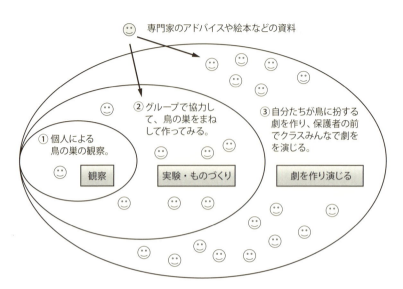

図3.4.4　生活科授業において気付きの質を高める「鳥の巣」を
教材とした「科学的探究」の授業デザイン

者の話を聞く機会や、巣の研究者の著作物を読む機会を設ける点において、『全米科学教育スタンダード』における、「科学的探究」の理解に関わる考え方を援用している。

・個人の研究が仲間との研究に発展し、最後にクラスの研究に拡張する点において、協同学習の理論を援用している。

・鳥や鳥の巣を観察したり、鳥になったつもりで鳥の巣をまねして作ったり、劇を作って鳥に扮して演じたりする過程において、鳥を自分に置き換えて心情的に理解したり、自分と比較して論理的に相違点に気付いたりする効果をねらっている点で、素朴生物学研究におけるアニミズムに関わる理論を援用している。

図3.4.4に示した授業デザインに基づいた授業が、子どもの自然体験を豊かにし、知的な気付きの質を高めるかどうかについては、事例的研究によって明らかにする必要がある。そこで、次の節から事例的研究について述べる。

第 3 章 「科学的探究」学習による生活科授業デザイン

第5節　生活科授業による事例的分析

5.1　実施時期

2012 年 7 月〜 2013 年 2 月（計 30 時間）。

5.2　実施対象

東京都内の私立大学附属である、昭和女子大学附属昭和小学校 1 年生 (35 名)。

5.3　実施概要

　授業実践の実施概要を表 3.5.3 に示した。①「個人による観察」では、夏休みを利用し、子どもが保護者と共に家の回りで見られる鳥の巣を探し観察を行った。観察した巣の多くはツバメであった。②「グループでの実験やものづくり」では、子どもは 4 人のグループに分かれて、鳥が作るように巣作りの材料を集めて、協力しながら巣の模型作りを行った。表 3.5.3 右列に記

表 3.5.3　「鳥の巣」を教材とした「科学的探究」の授業実践の実施記録概要（計 30 時間）

学習段階	学習内容	教材	専門家（鈴木まもる氏）から聞いた話
①個人による観察（夏休み）	家の回りの巣を観察し絵を描く。	ツバメの巣・ドバトの巣・ヒヨドリの巣。	
②グループでの実験やものづくり（18 時間）	ツバメやヒヨドリの巣の実物（図 3.5.3a）や絵を見ながら、まねして模型を作る（図 3.5.3b、図 3.5.3c、図 3.5.3d）。	粘土質の泥、わら、水、巣を取り付ける木枠や枝、やわらかい枝やつる植物の茎、ヒヨドリの巣の実物、鳥の巣を描いたイラスト。	ツバメは泥を少しずつ乾かしながら壁につける。泥にはわらを入れて丈夫にする（図 3.5.3e）。
③クラスで劇を作り演じる（22 時間）	ツバメやヒヨドリの子育ての様子を、劇にして保護者の前で演じる（図 3.5.3f）。	ツバメの子育てを題材にした絵本。鳥が巣を作る様子を描いた絵本など。	巣は子育てのためにある。巣にはいろいろな工夫が施されている。

註）①・②・③の数字は図 3.4.4 の数字に対応させた。

111

図3.5.3a　ヒヨドリの巣

図3.5.3b　木の枝をあんでヒヨドリの巣の模型を作ろうとする子どもたち

図3.5.3c　泥とわらでツバメの巣の模型を作ろうとする子どもたち

図3.5.3d　子どもが完成させたツバメの巣の模型

図3.5.3e　鈴木氏によるワークショップ

図3.5.3f　ツバメの子育ての様子をツバメに扮して演じる子どもたち

した専門家とは、鳥の巣研究家で絵本作家の鈴木まもる氏であり、2012年12月14日に子どもたちを対象に2時間のワークショップを実施し、いろいろな鳥の巣の実物を見ながら巣の話をしてもらった。③「クラスで劇をつくり演じる」では、主に鈴木まもる氏の話と2冊の絵本（鈴木, 1999, 2009）を参考に、鳥の子育ての再現と説明の脚本を子どもたちが考え、それに担任が

第 3 章 「科学的探究」学習による生活科授業デザイン

加筆・修正をして劇に用いた。

　図 3.5.3a は、ヒヨドリの巣の実物である。図 3.5.3b は、ヒヨドリの巣の実物を見ながら、それをまねして木の枝でヒヨドリの巣の模型を作ろうとしているところである。しかし、ヒヨドリの巣をまねして草や枝を編んで模型を作ることは非常に困難であった。図 3.5.3c は、泥とわらでツバメの巣の模型を作ろうとしているところで、図 3.5.3d は、完成したツバメの巣の模型である。図 3.5.3e は、鈴木まもる氏によるワークショップの様子である。鈴木まもる氏は自身の著作物を用いてツバメの巣作りの様子についてと、鳥の巣の役割と工夫について講義を行った。図 3.5.3f は、鳥の子育ての様子を子どもたちが劇にして、保護者に発表しているところである。

　劇終了後、保護者には無記名自由記述で感想を書いてもらった。また、子どもには、一連の学習を振り返らせてから、鳥の巣の研究についての感想を書かせた。

5.4　劇の脚本

　鳥の子育ての様子を紹介する劇の脚本を以下に示した。なお、脚本中のC1、C2……は子どもの個人名を記号に置き換えたものである。

　C1：これが、ヒヨドリの巣です。

　C2：これが、私たちがまねして作ったものです。

　C3：本物は、やわらかい枝を少しずつ丸めて作ります。

　C2：私たちが作ったものは、外は丈夫で中はふわふわ、居心地が良さそうです。

　C1：作って、最初はすぐに壊れちゃったけど、みんなで力を合わせてやったら、だんだんできてきました。

　C4：鈴木まもるさんを、12 月 14 日にお呼びしました。

　C5：鈴木まもるさんから聞いたお話を、紹介します。

　C3：鳥はお腹に卵を入れたままでは、重くて飛べません。

　C4：だから卵を置く場所を作ります。

　C6：卵を置く巣は、お母さんのお腹の中のようなものです。

113

C7：親鳥は、安心して、子育てできる巣を作ります。

C2：安心できる巣の場所や、巣の形は、鳥の種類によって違います。

C5：どの鳥も、自分にぴったりの巣を、工夫して作っています。

C3：例えば、セッカ。敵に見つからないように、葉っぱをまとめてクモの巣で編みます。

C1：シャカイハタオリは1本1本草を差し込んで、仲間と暮らす大きな巣を作ります。

C7：人は、丸い入れ物を作るとき、入れ物を回しながら作ります。

C6：鳥は巣を回せないので、自分が回りながら巣を作ります。

C8：今から、ヒヨドリが巣を作る様子をまねしてやってみます。

〈羽をつけた子どもが、巣の中で回りながら、巣を形作る動きを演じる〉

C9：私は、鈴木まもるさんから、蛇に卵を奪われないように、偽物の入口がある鳥の巣があると聞いてびっくりしました。

C10：私は、鈴木まもるさんみたいに、鳥を見たり研究したりしてみたいと思いました。

C11（オスのツバメ）：ここだ、ここだ、ここがぼくの行きたかった場所。疲れたなあ、やっと着いた。とうとう着いた。巣がない。また作ろう。

C12（ナレーター）：およめさん、もらってきた。

C13（メスのツバメ）：はじめまして。

C11：はじめまして。ここに作ろう。新しく作ろう。お母さんは休んでてね。

C12：土とわらを取ってきて、ちょっとずつくっつける。

C11：よし、巣ができた。

C4（人の子ども）：ねえ、ねえ、お姉ちゃん、あの鳥何の鳥。

C5（人の子ども）：あの鳥は、ツバメっていう鳥だよ。

C4：へえ〜。

C13：卵を産もう、うん、うん、うん。

C12：1日1つずつ。1つ、2つ、3つ、4つ、5つ。

C11：産まれた。ご飯を取ってくる。

C4：いつの間にか、赤ちゃんが産まれている。

C5：本当だ、鳴いてるね。

C6・C7・C8（ツバメの雛）：ジュピージュルジュル。ジュピージュルジュル。

C11・C13：かわいい赤ちゃん、産まれてくれて、ありがとう。

　〈場面転換〉

C12：私たちは、10月から、ツバメの巣を作り始めました。

C7：木の板に、泥とわらをくっつけます。

C13：水の量が多すぎて、重くなって、すぐに落ちてしまいました。

C11：少しずつ、乾かしながら、くっつけたことが難しかったです。

C6：近頃の家の壁は、つるつるして、巣をくっつけるのが難しくなっているそうです。

C8：これが、私たちが真似して作った巣です。

C4：私たちは上手く巣を作れないけど、ツバメは上手に巣を作るから、すごいと思いました。

第6節　考　察

　本研究では、先に述べたように、4つの理論的背景（「科学的探究」の能力、「科学的探究」の理解、協同学習、素朴生物学のアニミズム）を基盤として構築した授業デザインに則して、子どもの自然体験を豊かにし、知的な気付きを高めることを目標として授業実践を行った。そこで、考察においても、この4つの視点で検討を行う。考察には、作成した脚本と、子どもと保護者が書いた感想文を根拠として用いた。

6.1　「科学的探究」の能力——研究したことの劇発表への活用

　脚本には次のような台詞がある。

C6・C7・C8（ツバメの雛）：ジュピージュルジュル。ジュピージュル

ジュル。
　C11・C13：かわいい赤ちゃん、産まれてくれて、ありがとう。

　また、子どもの感想文には、次のような記述があった。

・C6さんがつくってきてくれただい本には、子ツバメのなきかたは、ピヨピヨとかいてありました。だけど、おばあちゃんのうちでもらった本には、ジュピージュルジュルとかいてありました。それをみんなにつたえました。それで、C6さんはだい本をなおしてくれました。（C7）
・けんきゅうでわかったことは、てきからみをまもるために、くふうしてせいかつしているんだなあということです。とってもツバメのことが、かわいくおもいました。（C5）

　さらに、保護者の感想には、次のような記述があった。

・実物を目や耳で「観察」し、どうしてそうなっているかの「分析」し、実際に作ってみて「体験」し、その結果を「考察」し、第三者意見や、全体を見通し「評価」する。それぞれの工程の意義が子供達に自然と入っていける環境づくりが非常に良いと感じました。
・ツバメやヒヨドリの巣を作ってみることで、さらに巣の特ちょうを理解できたと思います。
・この学習で体験したことは、自然に体と頭に吸収することができると思います。

　脚本と子どもの感想の記述から、子どもは劇を作る過程で、絵本などの資料から得たことを自分の知識と照合し、生物学的知識の構造化を図っていることが分かる。また、保護者の指摘にあるように、①観察、②実験やものづくり、③劇を作り演じる（第三者意見や、全体を見通し評価する）という「科学的探究」の基礎の学習段階で、専門家の考えを踏まえて考察することで、地

域の自然で観察したことと学校での体験が関係づけられ、子どもの自然体験が価値づけられて豊かになり、C5のように、「ツバメが敵から身を守るために工夫して生活している」という知的な気付きの質の高まりが見られるようになっていったと考えることができる。さらに、C11とC13の「かわいい赤ちゃん、産まれてくれて、ありがとう」という台詞や、C5の「とってもツバメのことが、かわいくおもいました」という感想文に見られるように、知的な気付きは、ツバメという生き物の存在のすばらしさに心情的に気付くところにまで高められている。

　以上のことから、研究したことを劇発表に活用する「科学的探究」基礎を行うために必要な能力によって、子どもの自然体験が豊かになり、知的な気付きの質が高まることが示唆された。

6.2 「科学的探究」の理解
——自分たちの自然体験と専門家の研究との関係づけ

脚本には次のような台詞がある。

C13：水の量が多すぎて、重くなって、すぐに落ちてしまいました。
C4：私たちは上手く巣を作れないけど、ツバメは上手に巣を作るから、
　　すごいと思いました。

また、子どもの感想文には、次のような記述があった。

・わたしが、いえのちかくでみつけたツバメのすは、八月のはじめに、ひながそだって、すだっていきました。（中略）わたしは、みんなとツバメのすについて、すず木まもるさんの本でしらべたり、はなしをきいたりしました。みたりきいたりして、すをつくってみたけれど、ツバメのようにがんじょうなすをつくることはできませんでした。ツバメは、すごいなー。（C8）

さらに、保護者の感想には、次のような記述があった。

> ・実体験や専門の先生から聞いた話をもとに、感じたことが上手に発表
> されていたと思います。

　これらのことから、子どもは意欲的に自分たちの自然体験と専門家の研究とを関係づけることによって、泥の水分が多いと重みで落ちることや、ツバメは丈夫な巣を作るために工夫していることに気付いていった。また、C8の「ツバメは、すごいなー」という感想文に見られるように、知的な気付きは、6.1で述べたことと同様に、ツバメという生き物の存在のすばらしさに心情的に気付くところにまで高められている。

　以上のことから、自分たちの自然体験を専門家の研究と関係づけることで新たな発見があったことから、「科学的探究」の理解によって知的な気付きの質が高まることが示唆された。

6.3　協同学習——友達と一緒に巣の模型を作ったり　　劇を作り演じたりしたこと

脚本には次のような台詞がある。

> C2：私たちが作ったものは、外は丈夫で中はふわふわ、居心地が良さ
> そうです。
> C1：作って、最初はすぐに壊れちゃったけど、みんなで力を合わせて
> やったら、だんだんできてきました。

また、子どもの感想文には、次のような記述があった。

> ・さいしょは、わたしは上手にすをつくれなかったけど、さいごC14
> さんとC15さんがよいあんをおしえてくれたから、おきゃくさんに
> 見せられるぐらいすてきなすがつくれました。C14さんが、ヒヨドリ

第 3 章　「科学的探究」学習による生活科授業デザイン

のすのつくりかたの本をもってきてくれたのも、うれしかったです。
（C2）

・おともだちと、げきをつくるときに大せつなことは、じぶんでしらべ
たことやかんがえたことを、おたがいにだしあうと、しぜんにいけん
がまとまっていくので、たくさんはなしあうことは、大せつだとおも
いました。みんながちがうしゅるいの本をもってきていたので、い
ろんないけんがでて、セリフがつくりやすかったです。（中略）みん
なとそうだんしながらこうさくしたり、げきのだい本をつくっている
と、じぶんのしらなかったせかいを、たくさんしることができまし
た。（C14）

さらに、保護者の感想には、次のような記述があった。

・巣をみんなで作り、作る苦労を経験しているのが良いと思いました。

　C1 の「最初はすぐに壊れちゃったけど、みんなで力を合わせてやったら、
だんだんできてきました」という台詞や、C2 の「C14 さんと C15 さんがよ
いあんをおしえてくれたから、おきゃくさんに見せられるぐらいすてきなす
がつくれました」という感想文に見られるように、子どもは他の子どもと関
わりながら協同的に困難な課題を乗り越えることに喜びを感じていることが
分かった。また、C14 の「みんなとそうだんしながらこうさくしたり、げき
のだい本をつくっていると、じぶんのしらなかったせかいを、たくさんしる
ことができました」という感想文に見られるように、自分の中に生じた知的
な気付きに子ども自身が気付いていくことがわかった。
　以上のことから、協同学習によって、子どもは 1 人では乗り越えられない
困難な課題に意欲的に挑戦するようになることから、自然体験が豊かにな
り、知的な気付きの質が高まることが示唆された。

119

6.4　素朴生物学のアニミズム
　　──鳥になったつもりで巣の模型を作ったり劇で演じたりしたこと

脚本には次のような台詞がある。

C7：人は、丸い入れ物を作るとき、入れ物を回しながら作ります。
C6：鳥は巣を回せないので、自分が回りながら巣を作ります。
C8：今から、ヒヨドリが巣を作る様子をまねしてやってみます。
〈羽をつけた子どもが、巣の中で回りながら、巣を形作る動きを演じる〉

また、子どもの感想文には、次のような記述があった。

・わたしたちはヒヨドリのようにすごいすは作れません。とりは小さい
　からだで自分にあったばしょに大きいすを、ひなのためにつくること
　ができるのは、ほんとうにすごいとおもいました。(C2)
・ツバメは小さいから、ドロが大きいとくっつけづらいということがよ
　くわかりました。わらをあみこんでからませるので、そこがむずかし
　かったです。かわかしながらくっつけるとき、おちないかドキドキし
　ながらくっつけました。(C12)
・まえは、そとをあるいているとき、とりがとんでいてもなんともおも
　わなかったけど、とりのすをしらべてから、とりのなまえや、どこに
　すがあるんだろうと、きになるようになりました。(C1)

さらに、保護者の感想には、次のような記述があった。

・生徒自身が動物の立場となって、巣作り、巣の研究と身をもって体験
　して、研究を通じて分かったことを確認している姿が素晴らしかっ
　た。
・幼少の成長時期に巣のことを考えるのはとても大事なことと思いま
　す。いろいろな苦労があり育ててもらえている、その事を感じた様で

第3章 「科学的探究」学習による生活科授業デザイン

> 嬉しかったです。
> ・研究することによって、生きるうえで大切なことを学んだということ
> 　がよかったと思いました。

　脚本の抜粋箇所は、子どもが鳥を演じながら、鳥と人との違いを実感する場面である。鳥の巣の模型作りなどの一連の自然体験を経て、C2 の「とりは小さいからだで自分にあったばしょに大きいすを、ひなのためにつくる」や、C12 の「ドロが大きいとくっつけづらい」という感想文に見られるように、子どもに知的な気付きの質の高まりが見られた。また、C12 の「おちないかドキドキしながらくっつけました」という記述から分かるように、情動を伴った体験をすることで、鳥の気持を身近に感じることができ、その結果、C1 の「まえは、そとをあるいているとき、とりがとんでいてもなんともおもわなかったけど、とりのすをしらべてから、とりのなまえや、どこにすがあるんだろうと、きになるようになりました」という感想文に見られるように、新たな自然体験の準備へと継続していくと考えることができる。

　また、保護者の感想文から、鳥と自分を関係づけ、自分も親に大切に育てられてきたことに気付くことを有意味な学習だと考えていることが分かる。

　以上のことから、素朴生物学のアニミズムの生活科授業への援用によって、鳥の子育てと自分が育てられてきたこととを比較することによって、子どもの知的な気付きの質は高まり、次の自然体験への準備へと継続していくことが示唆された。

第7節　まとめ

　本章では、自然認識の発達の視座から、生活科における「科学的探究」学習の有用性について検討を行った。その結果、次の4つの知見を得た。
　・デューイ、ピアジェ、ヴィゴツキーの理論、自然認識の3段階説、活動理論に共通する理論を見いだし、融合させ、新たな価値を付加することによって、理科教育における自然認識の拡張モデルを構築した。このモ

デルによって、子どもの自然認識が垂直的相互作用と水平的相互作用という2つの作用の相乗効果によって発達することが明らかとなり、教授・学習においてもこの両作用を意識することが重要であることが示唆された。すなわち、教師が子どもに科学的概念を示すことはもちろんのこと、子ども同士の学び合いによって子どもが異質な考え方を取り込んでいく過程を組み込んだ授業デザインを、意図的に設計するべきであると言える。

・『全米科学教育スタンダード』で述べられている「科学的探究」の生活科への援用によって、子どもの自然体験が豊かになり、知的な気付きの質が高まることが期待できる。

・「協同学習」によって、子どもは一人では乗り越えられない困難な課題に意欲的に挑戦するようになることから、自然体験が豊かになり、知的な気付きの質が高まることが期待できる。

・「素朴生物学」のアニミズムの生活科授業への援用によって、知的な気付きの質が高まり、次の自然体験への準備が始まることが期待できる。

　以上のことから、図3.4.4に示した、自然体験を豊かにし、気付きの質を高める「鳥の巣」を教材とした生活科授業における「科学的探究」の基礎の授業デザインには有用性があることが明らかとなった。今後は、鳥の巣以外の教材でも、同様の授業デザインに有用性があるか検証することが課題である。

第 4 章

「科学的探究」学習による理科授業デザイン
── FOSS の学習プログラムを手がかりとして ──

第1節　問題の所在

　現代の高度に発達した科学技術社会においては、氾濫する情報に翻弄されることなく知識に基づいた意思決定をしていくために、科学的リテラシーの育成が急務となっている。

　中央教育審議会答申（2008）「幼稚園、小学校、中学校、高等学校及び特別支援学校の学習指導要領等の改善について」（平成20年1月17日）では、我が国の生活科の学習活動においては体験だけに終始しがちなことや、活動や体験を通して得られた気付きを質的に高める指導が十分に行われていないこととともに、理科教育の基盤となる自然体験や生活経験の減少傾向が見受けられる点が指摘されている。このような状況下では日常経験と学習内容とが乖離し、実感を伴った理解が図れず、科学的リテラシーの育成が十分になされないことが懸念される。したがって、生活科においても理科においても、科学的リテラシーの育成の観点から、自然の不思議さや面白さを実感する体験的・問題解決的な学習活動を取り入れ、気付き（認識）の質を高める学習活動の充実が課題となっている。

　この課題を解決する方略の1つとして、「科学的探究」を基盤とした授業デザインの構築が必要である。今日、生活科と理科の接続の重要性が指摘され、例えば、第2学年での自然の不思議さを実感する学習内容の「風」と、第3学年でエネルギーの見方に関わる学習内容の「風の力」との関連性が求められている（文部科学省, 2008a）。しかし、昭和52年改訂の「学習指導要領」では、第2学年で「空気」の学習があり、第3学年で「空気」を圧し縮める学習と「風の力」の学習が示されていたことから、〈空気の存在・性質〉の理解を通して、第2学年と第3学年の学習にはより強い関連性や系統性が存在していたと捉えることができる。一方、現行の学習指導要領では、〈空気の存在・性質〉に関わる学習は小学校第4学年の導入時にごく簡単に扱われる程度にとどまっている。

　「空気」と「風」の学習に関わって、樋口・木村（1996）は、第2学年を対象に、シャボン玉や紙飛行機を飛ばす直接体験活動を通して、「空気」と

「風」に関わる科学的な見方が獲得され、〈風の作用〉と〈空気抵抗〉についての認識が深まる可能性を示唆している。また、玉田は、第5学年を対象に、〈気体には重さがない〉と考える子どもの素朴概念を変容させるために、〈空気が場所を占める〉ことや〈空気はおし縮められる〉ことを学ばせた後に、〈空気の重さ〉を量る授業展開を通して、「空気」を物質として捉えていく一連のつながりの重要性を指摘している（理科の授業づくり入門編集委員会, 2008）。

このような研究の成果が示される一方、現行の「学習指導要領」の実施状況においては、「空気」と「風」を関連づけた授業実践が不十分であると考えられる。また、一瞥したところ平成元年以降、「空気」と「風」を関連づけた科学的概念の形成に関わる研究の成果は見当たらない。

そこで、低学年からの理科教育の充実を国策として推進している米国の、「科学的探究（Scientific Inquiry）」[註1]を基盤とした教育プログラムを参考にして教育実践を行い、科学的リテラシーの育成に寄与する「科学的探究」を基盤とした授業デザインの有用性を、授業実践による事例分析によって明らかにすることは、新たな授業デザインを検討する一手段として有効であると考えた。

第2節　研究の目的

本章の研究では、米国の「科学的探究」の視座から、「科学的リテラシーの育成」と「探究としての科学」を重視した『全米科学教育スタンダード：NSES』（NRC, 1996）に準拠した米国の理科教育プログラムであるFull Option Science System（以下、FOSS）の、「空気」と「風」に関わる学習プログラムに焦点を絞って理論的検討と事例的研究を行い、授業デザインの構築を図る。

そのため、第一に、FOSSの「空気」に関わる学習プログラムの流れを整理し、「科学的探究」における学習サイクルの特徴について明らかにする。第二に、FOSSの「空気」に関わる学習プログラムと「風」に関わる学習プ

ログラムの導入を手がかりとして、「空気」と「風」を関係づける学習プログラムを設計する。第三に、事例的研究によって、科学リテラシー育成の視点から、「科学的探究」を基盤として設計した学習プログラムの有用性の検証と、子どもの科学的概念の構築の実像を解明する。

第3節　FOSSの「科学的探究」

3.1　FOSSの概要

　FOSSは、米国カリフォルニア大学バークレー校の科学教育機関「ローレンスホール・オブ・サイエンス（Lawrence Hall of Science）」において、1988年頃から開発が始まった初等理科プログラムの1つである[注2]。FOSSの理念に関わって、人見（2005）は、「FOSSにおいて、科学的探究は、科学の本質を理解することまで範囲を広げて重視して扱われている」と、FOSSが科学的探究を重要視していることを指摘している。

　FOSSの教授・学習の特徴として、小倉（2001, pp.81-82）は、次の4点を指摘している。

①ハンズオン（実際的な体験的）アプローチによって子どもは探索し、実験し、データを収集し、結果を整理し、結論を導き出す。このような活動が子どもの科学的な思考力の成長を促すと考えられている。

②教材の自由な探索、見つけたことについて討論する中での用語の導入、さまざまな考え方の露呈、概念を強化するための補足の経験という、一定の順序に従った学習サイクルが存在する。用語は、子どもが直接経験をした後の状況で導入される。

③五感のすべてを観察に用いて、より良い理解を導こうとしている。

④小学校低学年では、一人に一つずつ教材を持たせながらも、他の子どもと席を近づけることで、気付いたことや分かったことを言い合えるように配慮している。また、小学校中学年以上では、学び合える集団の形成を重視している。

第4章 「科学的探究」学習による理科授業デザイン

このように FOSS に位置づけられる「科学的探究」は、長年にわたる実践的研究を基に、①ハンズオンアプローチ、②学習サイクル、③五感の活用、④子ども相互の学び合い、が重要であると特徴づけられている。

3.2 FOSS プログラム "Air and Weather" に 見られる「科学的探究」の特徴

FOSS では、2008 年時小学校第 2 学年（2016 年時小学校第 1 学年に変更）を対象にした "Air and Weather"（大気と天気）という学習プログラムの中に「空気」と「風」の学習が含まれていた。この学習プログラムの指導計画の概要を示したのが表 4.3.2a である。

表 4.3.2a から、FOSS では「空気」の学習を単独で扱うのではなく、「空気」を大気の構成要素の 1 つとして捉え、気温、雲、雨、風向風速などの気象現象と関係づけて扱うように指導計画が立てられている。

「空気」に関わる学習プログラムの「科学的探究」の特徴を明らかにするために、FOSS 発行の教師用指導資料（Lawrence Hall of Science, 2008）を参考に、表 4.3.2a の FOSS の学習プログラム概要の中から、第 1 次の「空気」の学習内容を整理したのが表 4.3.2b である。この表 4.3.2b をもとに、先に述べた小倉（2001）の指摘に対応させて、「空気」の学習における「科学的探究」の特徴を検討する。

ハンズオンアプローチ（3.1①参照）については、表 4.3.2b に波線（　　）で示した通り、操作性の高い豊富な教材（例：コップ、パラシュート、注射器、噴水装置、風船ロケットなど）を用いていることから、子どもは体験的に学んでいくように計画されている。また、子どもの学びの道筋は、表 4.3.2b に

表4.3.2a　"Air and Weather" の学習プログラム概要[註3]

次	時間	学習する科学的内容
1	6 時間	空気の存在、空気抵抗、空気の弾性
2	5 時間	気温調べ、雲の観察、雨量の測定
3	5 時間	風の存在、風の強さ、風向風速
4	4 時間	季節の変化、月の形の変化

表4.3.2b　FOSS "Air and Weather" 第1次「空気」（計6時間）の学習プログラム

時	学習課題	子どもの学習活動	科学的内容
1時	**「空気はそこに」** 「空気」についてどんなことが分かるかな？	ストロー・発泡スチロール球・羽毛・袋・綿・風船・ポンプを使って、袋や風船に「空気」を閉じ込めたり風を起こして物を動かしたりする自由な探索の過程を通して、〈空気の存在〉を体感し、〈空気が物を動かす働き〉に気付く。	・空気は物質である。 ・空気は場所を占める。 ・空気は物にはたらく。
2時	**「空気を水中に」** 紙を水中に入れても乾いたままにする方法は？	ペーパータオルを入れたコップ（1人1つ）を逆さまにして、水を入れた水槽（2～4人で1つ）に沈め、ペーパータオルが濡れないことを確かめる実験し観察する過程を通して、〈空気が場所を占める〉という「空気」の性質に気付く。	・空気は物質である。 ・空気は場所を占める。 ・空気は捕まえられる。
3時	**「パラシュート」** パラシュートがゆっくり落ちるのに「空気」はどうはたらく？	ペーパータオルとひもとクリップでパラシュートを作り、どのように落ちるか実験し観察する。パラシュートがゆっくり落ちるのに「空気」がどう働いているか考え、考えたことを絵で表す過程を通して、〈空気が動くものの抵抗になる〉という、「空気」の性質や働きに気付く。	・空気はすべてのものの回りにある。 ・空気は動くものの抵抗になる。
4時	**「空気を圧すと」** 狭い場所に「空気」を圧し込めたらどうなる？	注射器に閉じ込めた「空気」を圧し、注射器の目盛りを読み取り、データを収集し結果を整理し、〈空気は圧し縮められる〉という結論を導き出す過程を通して、「空気」の性質に気付く。また、圧縮空気が圧し返してくる手ごたえを感じることで、〈圧縮空気が物を圧す〉という、「空気」の働きに気付く。	・空気は物質で場所を占める。 ・空気は圧し縮められる。 ・圧縮空気は物を圧す圧力がある。
5時	**「空気と水の噴水」** 噴水装置で「空気」はどうはたらく？	噴水装置（蓋に2本の管がついた密閉容器）に注射器で空気を送り込み、圧縮空気によって噴水が起こる様子を観察する過程を通して、〈圧縮空気が水を圧す〉という、「空気」の働きに気付く。	・空気は物質で場所を占める。 ・圧縮空気は水を圧す。
6時	**「風船ロケット」** 風船ロケットで圧縮空気はどうはたらいているの？	ポンプを使って風船（1人1つ）に「空気」を圧し込め、圧縮空気を活用して、教室内に張った糸（6人程で使用する）に取り付けたポリ袋に風船ロケットを入れて飛ばす過程を通して、〈圧縮空気が物を動かす〉という「空気」の働きに気付く。	・空気は圧し縮められる。 ・圧縮空気は物を動かす。

第4章　「科学的探究」学習による理科授業デザイン

二重線（___）で示した通り、第1時の自由な探索に始まり、第2・3時での実験・観察、第4時でのデータの収集から、結果を整理し、結論を導き出すように計画されている。

　学習サイクル（3.1②参照）については、次の節で詳しく検討する。

　五感の活用（3.1③参照）については、表4.3.2bに示した通り、第2時でペーパータオルが濡れていないことを手でさわって確かめる活動、第4時で注射器を圧して手ごたえを確かめる活動などで、五感を観察に用いてよりよい理解を導こうとしているように計画されている。

　子ども相互の学び合い（3.1④参照）については、1人1つの教材であっても、教え合ったり協力し合ったりする場面が多くなるように実験が計画されている。例えば、表4.3.2bに示した通り、第2時でコップの中のペーパータオルが濡れていないか確かめる学習活動では、水を入れた水槽を2〜4人で一緒に使うことから、必然的に近くの友達とペーパータオルを見せ合うことになる。また、第6時の風船ロケットを飛ばす学習活動では、教室内に張った糸を6人程で一緒に使うことから、必然的に誰が遠くまで飛ばせるか競い合う場面が生じると考えられる。このような子ども同士が学習を共有する場面において、アイデアの交換や見つけたことの伝達が起こり、子ども相互の学び合いが起こるように計画されている。

3.3　FOSS プログラム "Air and Weather" の　　　「空気」に関わる学習の学習サイクルの特徴

　ここで、FOSS "Air and Weather" の「空気」に関わる学習の学習プログラムにおける学習サイクルの特徴を、FOSS の「科学的探究」の視点で整理する。整理にあたっては、FOSS の「科学的探究」におけるハンズオンアプローチの特徴（本章第3節3.1①参照）と FOSS の「科学的探究」における学習サイクルの特徴（本章第3節3.1②参照）を、筆者なりの視点で融合させ、学習サイクルの枠組みを作成した。そして、この枠組みに、表4.3.2bに示した「空気」の学習プログラムの子どもの学習活動の記述内容を要約して当てはめたものが表4.3.3である。

129

表4.3.3 FOSS "Air and Weather" の「空気」に関わる学習プログラムの学習サイクルの特徴

学習段階	時	用語の導入	さまざまな考え方の露呈
自由な探索 ↓	1	なし	〈空気の存在〉と、〈空気が物を動かす働き〉に気付く。
直接体験 ↓	2・3	〈場所を占める〉 〈抵抗〉	〈空気が場所を占める〉こと、〈空気には抵抗がある〉といった、「空気」の性質や働きについて気付く。
データ収集 ↓ 結果の整理 ↓ 結論の導出	4	〈場所を占める〉 〈圧力〉	〈空気は圧し縮められる〉ことと、〈圧し縮めた空気は物を圧す力がある〉といった、「空気」の性質や働きについて気付く。
↓ 概念を強化するための補足の経験	5・6	〈抵抗〉 〈圧力〉	〈空気の抵抗〉と〈空気の圧力〉といった、「空気」全般についての理解を深める。

　表4.3.3の左列には、学習段階を示した。FOSS の「科学的探究」におけるハンズオンアプローチの特徴（本章第3節3.1①参照）では、〈探索→実験→データ収集→結果の整理→結論の導出〉、FOSS の「科学的探究」における学習サイクルの特徴（本章第3節3.1②参照）では、〈自由な探索→討論→用語の導入→さまざまな考え方の露呈→概念を強化するための補足の経験〉という学習段階の順序性が指摘されている。このうち、筆者らは〈用語の導入→さまざまな考え方の露呈〉が学習段階の随所に見られると考え、左列の学習段階から抽出して表の1行目に記した。したがって、これらのハンズオンアプローチの特徴と学習サイクルの特徴を融合させ、縦軸には学習段階として、〈自由な探索→直接体験→データ収集→結果の整理→結論の導出→概念を強化するための補足の経験〉を、横軸には〈時〉、〈用語の導入〉、〈さまざまな考え方の露呈〉を配置し、表の枠組みとした。

　縦軸の学習段階を表4.3.2bの子どもの学習活動に照合させると、〈自由な探索〉は第1時に、〈直接体験〉は、実験し観察するという記述から第2・3時に該当する。〈データ収集→結果の整理→結論の導出〉は、データを収集し結果を整理し、結論を導き出すという記述から第4時に該当する。〈概念を強化するための補足の経験〉は、噴水装置を用いたり、風船ロケットを用いたりするときに、〈抵抗〉と〈圧力〉という用語を用いて現象を説明することから、第5・6時に該当する。また、それぞれの学習段階における〈用

第4章 「科学的探究」学習による理科授業デザイン

語の導入〉と〈さまざまな考え方の露呈〉は、要約して表4.3.3の枠組みの中に示した。

表4.3.3から、FOSS "Air and Weather" の「空気」に関わる学習プログラムの学習サイクルは、〈自由な探索〉の過程で「空気」の存在に気付かせ、〈直接体験〉の過程で「空気」の性質や働きに定性的に気付かせ、〈データの収集→結果の整理→結論の導出〉の過程で「空気」の性質や働きについて定量的に気付かせ、概念を強化するための補足の経験によって、〈空気の抵抗〉と〈空気の圧力〉についての理解を深めるという4つの段階があることと、科学的概念を端的に表す用語は〈抵抗〉、〈圧力〉の順で、直接体験の後に導入されるように計画されていることが分かる。

第4節 「空気」と「風」を関係づける学習プログラムの設計

空気は透明であり、目で見ることによって空気の存在を確認することは困難であることから、子どもは〈空気は物ではない〉といった素朴概念を有していることが多い。この素朴概念を変容させ、〈空気は物であり場所を占める〉という「空気」の性質に関わる科学的概念や、〈圧し縮めた空気は物を圧す〉という「空気」の働きに関わる科学的概念などを獲得させることによって、複合的に、より高次な〈風は空気の動きである〉という科学的概念の構築が図れると考えられる。

そこで本研究では、FOSS の学習プログラム "Air and Weather" に依拠し、科学的リテラシー育成の視点から、「科学的探究」を基盤とした授業デザインによって小学校第3学年の理科教育の単元「風の力」の導入として学習プログラムを設計し、事例的研究を行う。その際の学習の到達目標は、「風は空気の動きであることに気付く」とした。

FOSS 発行の教師用指導資料（Lawrence Hall of Science, 2008）によれば、第3次「風」の学習プログラムの第1時は、表4.4aの通りである。表4.4a から、FOSS では、子どもに、〈空気の入ったシャボン玉の動き〉の観察を通して、「空気」と「風」の関連づけを図っていることが分かる。

131

表4.4a　FOSS "Air and Weather" 第3次「風」（第1時）の学習プログラム

時	学習課題	子どもの学習活動	科学的内容
1時	**「風の中のシャボン玉」** シャボン玉で風の速さと、風が吹く方向が分かるかな？	シャボン玉を飛ばし、校舎などの建物の影響で風の速さや風が吹く方向が変わる様子を観察する過程を通して、「風」は「空気」の動きであり、〈風の速さ〉や〈風の吹く方向〉は一定ではないという「風」の性質に気付く。	・シャボン玉の中は空気でいっぱい。 ・風は空気の動き。 ・風の速さや吹く方向は変わる。

　「科学的探究」を基盤とした授業デザインによる、「空気」と「風」を関係づける学習プログラムの設計では、表4.3.3のFOSSの学習サイクルに基づいて、表4.3.2bと表4.4aの学習プログラムを接続させた。具体的には、「空気」に関わる科学的概念が「風」に関わる科学的概念の構築へとつながるように、筆者なりに下記の視点から若干の修正を加えて、表4.4bを作成した。

- ・自由に道具を使って「空気」について調べる〈自由な探索〉の過程は、FOSSの学習プログラムでは第1時だったが、表4.4bに示した通り、本研究では、第1・2時と1時間追加して、子どもが〈空気の存在〉を十分体感し、〈空気が物を動かす働き〉に確実に気付くように配慮した。
- ・コップやパラシュートを用いて〈空気の存在〉と〈抵抗〉に気付かせる〈直接経験〉の過程を第3・4時、注射器を用いて定量的に「空気」の性質と働きについて調べる、〈データ収集→結果の整理→結論の導出〉の過程を第5時とした。
- ・噴水装置や風船ロケットを用いて、圧縮空気は物を圧すという〈概念を強化するための補足の経験〉をさせる過程を第6・7時とした。
- ・シャボン玉を教材に用いて、「シャボン玉の中は何かな」という学習課題と、「空気と風は同じかな、違うかな。」という学習課題を設定し、「空気」について学んだことが直ちに「風」の学習に生かされるように配慮し、「風」について調べる〈自由な探索〉の過程を第8時とした。

　また、「科学的探究」に関わって、ハンズオンアプローチ、五感の活用、子ども相互の学び合いに寄与する操作性の高い教材を波線（＿＿）で強調した。

第 4 章 「科学的探究」学習による理科授業デザイン

表 4.4b 「空気」と「風」の学習を関連づけた学習プログラム

時	学習課題	学習活動	獲得させたい 科学的概念
1・2時	道具を使って、空気についていろいろ調べよう。	ストロー・発泡スチロール球・袋・綿・風船・ポンプを使った自由試行。空気で物がどう動くか調べる。**（自由な探索）**	・空気は物質である。 ・空気は場所を占める。 ・空気は物に働く。 〈空気の存在〉
3時	コップを水に沈めたときの様子を調べよう。	コップ、ティッシュペーパー、水を入れた水槽を使って、空気が場所を占めることを確かめる。**（直接体験）**	〈空気が物を動かす働き〉
4時	パラシュートが落ちるときの様子を調べよう。	パラシュートを組み立てて、どう落ちるか観察する。パラシュートがゆっくり落ちるのに空気がどう働いているか考える。**（直接体験）**	・空気は動く物の抵抗になる。 〈抵抗〉
5時	注射器に空気を圧し込めたときの様子を調べよう。	空気は圧し縮められることを、注射器の目盛りを読むことで発見する。また、圧縮された空気はもとに戻ろうとすることを発見する。**（データ収集→結果の整理→結論の導出）**	・空気は圧し縮められる。 ・圧し縮めた空気は物を圧す力がある。 〈抵抗〉
6時	噴水装置から水が出てくる理由を調べよう。	噴水装置を使い、空気の圧力で水を圧し出す。噴水装置における空気の働きを絵で表す。**（概念を強化するための補足の経験）**	〈圧力〉
7時	風船ロケットが飛ぶ理由を調べよう。	風船ロケットを準備し、風船の中の空気が、どれぐらいの距離、ロケットを進ませているか調べる。**（概念を強化するための補足の経験）**	・圧縮空気は勢いよく吹き出し、物を圧す。 〈抵抗〉 〈圧力〉
8時	シャボン玉を観察して、空気と風は同じか、違うか調べよう。	子どもたちはシャボン玉の飛び方を観察する。風の動きでシャボン玉の飛び方が変わる様子を見る。**（直接体験）**	・シャボン玉の中は空気でいっぱい。 ・風は空気の動き。

註）・FOSS の学習プログラム "Air and Weather" に依拠し、科学的リテラシー育成の視点から、「科学的探究」デザインによって「風の力」の導入としてプログラムを設計した。
　　・学習の到達目標を「風は空気の動きであることに気付く」とした。

133

第5節　授業実践による事例的分析

5.1　実施時期

平成21年4月から平成21年7月（計8時間）。

5.2　実施対象

東京都内の私立小学校第3学年（35名）。

5.3　実施単元名

小学校理科「風の力」の導入として。

5.4　授業実践の概要

本授業実践の目的は、科学的リテラシー育成の観点から「科学的探究」を基盤とした学習プログラムによって、小学校低・中学年の子どもの科学的概念の構築が図れるか検証することである。

そのために、「空気」と「風」の学習に焦点を絞り、小学校第2学年時に「風」の学習を行わなかった小学校第3学年の子どもを対象として、表4.4bに示した学習の指導計画に沿って授業実践を行った。本授業実践で子どもに構築させたいのは、〈風は空気の動きである〉という科学的概念である。

この科学的概念の構築の道筋において、〈空気の存在〉〈空気の圧力〉という2つの科学的な概念の構築の視点から子どもの思考の流れを分析する。また、「空気」と「風」の関係を捉える際に、すでに獲得した科学的概念を子どもがどのように活用するか分析を行う。さらに、〈風は空気の動きである〉という科学的概念の獲得において、「空気」の性質や「空気」の働きに関わる科学的概念がどのように寄与するか検討を行う。

5.5 事例的研究の調査方法と分析方法

調査方法は、ビデオ記録、描画による記録の調査である。ビデオ記録では、一斉指導における話し合い活動の記録を行った。描画法では、自分の考えをワークシートまたはノートに絵と文で表す活動をさせた。授業分析は、ビデオ記録に基づいた発話プロトコル分析によって子どもの思考の道筋の解明を試みた。

5.6 〈空気の存在〉の概念に関わる分析

第4時でパラシュートを落とす「科学的探究」活動をさせ、なぜパラシュートはゆっくり落ちたか理由を考えさせたときのC1（C1、C2、C3……は子どもの個人名を記号に置き換えたもので、T1、T2、T3は1人の教師の発話の順を表したものである）の描画を図4.5.6に、その後の話し合いの発話プロトコルを 事例1 として示した。

事例1　なぜパラシュートはゆっくり落ちたか考えさせたときの発話プロトコル

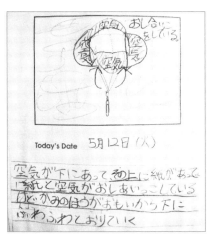

図4.5.6　第4時のC1の描画

T1：どうしてふわふわふわって落ちたの？

C（多数）：空気があるから！

T2：空気が関係しているみたいだけれど、空気がどう働いているの、パラシュートに。

C1：パラシュートは下に落ちたいんだけれど、空気は上に行きたいって圧しあいっこしていて、でも紙のほうが重いから勝っちゃって、だんだんふくらんでゆっくり落ちていく。

　図4.5.6の描画から、C1は、空気をパラシュートの下にある塊として存在していると考えていることが分かる。また、C1の記述文に、「空気が下にあって、その上に紙があって、紙と空気がおしあいっこしているけど、かみのほうがおもいから下にふわふわとおりていく」とあることと、事例1の発話プロトコルで、C1が「パラシュートは下に落ちたいんだけれど、空気は上に行きたいって圧しあいっこしていて、でも紙のほうが重いから勝っちゃって、だんだんふくらんでゆっくり落ちていく」と述べていることから、C1は、パラシュートの紙と空気が圧しあっていると考えていることを読み取ることができる。

5.7　〈空気の圧力〉の概念に関わる分析

　第6時で噴水装置で水を圧し出す実験の様子の写真を図4.5.7aに、また、噴水装置で空気はどうはたらいたか考えさせたときのC3の描画を図4.5.7bに、さらに、その後の話し合いの発話プロトコルを事例2として示した。

事例2　噴水装置でなぜ水が出たか考えさせたときの発話プロトコル

T3：どうして水が出たのかな。

C2：空気がこの中の水を圧して。

T4：空気が水を圧しているのは分かった？

C（多数）：分かった。

T5：どうして空気が水を圧していると思ったの。

(左) 図4.5.7a　第6時の噴水装置を用いた実験の様子
(上) 図4.5.7b　第6時のC3の描画

　　C3：空気が注射器中に入っていって、空気が上から落ちてきて、それで
　　水が圧されて、ストローのほうからしゅーって出る。

　図4.5.7bの描画で、C3は、空気を線で囲み、粘土のように変形させて描いている。このことから、C3は、C1と同様に、空気を塊として捉えつつ、力を受けて変形もしくは圧縮したと考えていると捉えることができる。また、事例2の発話プロトコルで、C2が「空気がこの中の水を圧して」と述べていることや、C3が「空気が注射器中に入っていって、空気が上から落ちてきて、それで水が圧されて、ストローのほうからしゅーって出る」と述べていることから、C2とC3は、第4時のパラシュートを落とす「科学的探究」活動や、第5時で注射器に閉じ込めた空気を圧す「科学的探究」活動で獲得した〈空気の抵抗〉や〈空気の圧力〉に関わる科学的概念を、噴水装置における空気の働きに適用させて、空気が水面を圧すという考えに至ったと考えられる。
　この事例から、子どもは、「科学的探究」の過程で空気を塊として捉え、力を受けた空気が変形もしくは圧縮しながら他の物を圧すという考えに至るという思考の1つの道筋が示唆された。

5.8 「空気」と「風」の関係に関わる分析

　第8時でシャボン玉を飛ばす体験をさせ、「空気」と「風」は同じだと思うか考えさせた時のC7の描画を図4.5.8に示した。また、描画をかかせた後の発話プロトコルを[事例3]として示した。

[事例3]　「空気」と「風」は同じだと思うか考えさせたときの発話プロトコル
　T6：風と空気は同じだと思いますか。意見がある人。
　C4：風と空気は同じ。風っていうのは、空気が飛んできたもの。
　T7：風っていうのは、空気が飛んできたものだって。どうですか。
　C5：空気と風はちがうと思います。空気には力がないけど、風には力がある。
　C6：C5くんは空気には力がないと言ったけれど、場合によれば力持ちになれる。例えば、前の空気ロケットとかも、空気が縮んでふくらむときに動いたから、力は出ると思う。
　C7：風って言うのは、空気と空気がぶつかり合ってできた現象で、空気と空気は普通に流れているから、流れていても、人間の肌には感じないんですけど、空気と空気が合体して、パワーアップしているので、あたっても感じる。
　T8：なるほど。
　C8：風は空気みたいなんですけど、風はなんで流れるかっていうと、風は空気なんですけど、後ろにある空気に圧されて、後ろの空気はまた後ろの空気に圧されて、こうやってわ〜って来る。

　[事例3]の発話プロトコルから、C4は、「風っていうのは、空気が飛んできたもの」と述べていることから、「空気」と「風」を関係づけた高次な科学的概念を獲得したことが分かる。C6は、「前の空気ロケットとかも、空気が縮んでふくらむときに動いたから、力は出ると思う」と述べていることから、「空気」が力を持ったときに「風」になるという考えを持っていると考えることができる。C7は、「風って言うのは、空気と空気がぶつかり合っ

138

第4章 「科学的探究」学習による理科授業デザイン

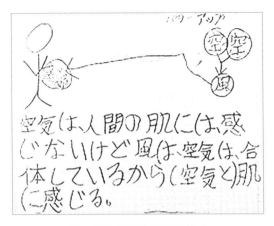

図4.5.8　第7時のC7の描画

てできた現象」と述べていることと、図4.5.8に示した描画から、「空気」を塊としてイメージし、目に見える物体の性質や働きを「空気」に適用させることによって、「空気」が人の肌に感じられるようになったのが「風」であるという考えを持つようになったと考えられる。C8は、「風は空気なんですけど、後ろにある空気に圧されて、後ろの空気はまた後ろの空気に圧されて、こうやってわ〜って来る」と述べていることから、C7と同様に、目に見える物体の性質や働きを「空気」に適用させることによって、「空気」の玉突き現象によって「風」が生じるという、考え方を持つようになったと考えられる。このように、「空気」の性質と働きについて共通の教材で学んできた子どもたちであっても、「風」のイメージの仕方は一様ではないことが明らかとなった。

5.9　子どもの科学的概念の構築の傾向

表4.5.9は、子ども（35名）の描画による記録を分析した結果を示したものである。「パラシュート」の項目では、図4.5.6に示したのと同じワークシートへの描画で、空気がパラシュートを圧し上げようとしている記述が見られたものを正答（○）とし、「噴水」の項目では、図4.5.7bに示したのと

表4.5.9 「科学的探究」活動による子どもの科学的概念の構築の傾向

N＝35

項目 / 人数	「パラシュート」	「噴水」	「風と空気」 事前	「風と空気」 事後	割合（％）
C(1)(2)(3)(4)(8) を含む15人	○	○	×	○	43[※1]
C(5)を含む7人	○	×	×	○	20
4人	○	×	×	×	11
C(6)を含む3人	×	×	×	○	9
C(7)を含む3人	×	×	○	○	9
2人	×	×	×	×	6
1人	○	○	×	×	3[※2]
正答者数（割合）	30人（86％）	16人（46％）	3人（9％）	28人（80％）	

同じワークシートへの描画で、空気が水面を圧している記述が見られたものを正答（○）とした。また、「風と空気」の項目では、第8時のシャボン玉の学習の前後で、「風と空気は同じだと思いますか」という発問を行い、図4.5.8のように自由に描画をさせ、「空気が動いて風になる」「空気がぶつかって風になる」の2つのうちのどちらかの記述が見られるものを正答（○）とした。なお、C1～C8の子どもについては、それぞれどのように記述したか表中に示した。

　表4.5.9の※1に示した通り、パラシュートや噴水装置を用いた「科学的探究」で、全体のうちの約43％の子どもが、C1、C2、C3、C4、C8と同様に、空気がパラシュートや水面を圧すことに気付き、初めは風と空気の関係について説明できなかったものの、事例3に示したシャボン玉を教材に用いた「科学的探究」の後に、空気によって風ができるという科学的概念の構築が見られた。一方、表4.5.9の※2に示した通り、空気がパラシュートや水面を圧すことに気付きながらも空気によって風ができることを説明できなかった子どもは、全体のうちの約3％（1人）だった。これらのことから、空気が物を圧すことに関わる科学的概念の構築が「風は空気の動きである」という科学的概念の構築に寄与したことが示唆される。

第4章 「科学的探究」学習による理科授業デザイン

5.10 「科学的探究」を基盤とした授業デザインにおける
科学的概念の構築の道筋

　事例的研究の分析によって、多くのステージで子どもは「空気」を塊として捉えることが明らかとなった。学習の初期では、「科学的探究」の特徴の1つである五感の活用を中心に、〈空気の存在〉を確かめる活動によって、〈空気は物質であり場所を占める〉ことや、〈空気には抵抗がある〉といった、「空気」の性質に気付いていった。また、学習の中盤では、「科学的探究」の特徴の1つである操作性の高い教材を用いたハンズオンアプローチによって、「空気」が他の物を圧すという〈空気の圧力〉に関わる「空気」の働きに気付いていった。

　一方、〈風は空気の動きである〉という科学的概念の構築の道筋は様々であった。しかし、事例1〜3に見られるように、「科学的探究」の特徴の1つである教材を媒介とした学び合いの過程によって、「空気」を塊として捉えることや、〈空気には抵抗がある〉という「空気」の性質と、〈空気が他の物を圧す〉という「空気」の働きについての理解を、個々の子どもが「風」と関係づけることによって、目に見えない「空気」の動きをイメージし、科学的概念の構築に向けた意識化が図られることが示唆された。

　「風」の学習につながる科学的概念の構築の道筋を、ここまでの研究の成果を踏まえて模式的に示したのが図4.5.10である。

　図4.5.10から、〈空気の存在〉〈空気の抵抗〉〈空気の圧力〉に関わる科学的概念が、〈風は空気の動き〉であるという科学的概念の構築に寄与するという知見が得られた。

　このような、科学的概念の構築に向けた意識化は、まず、「科学的探究」のサイクルである自由試行による〈空気と風の存在〉の気付きに始まり、次に、図4.5.6や図4.5.7bの描画に見られるように、パラシュートや噴水装置といった具体的な教材を用いた直接体験が、実感を伴った「空気」の性質の理解の契機となった。そして、手ごたえと測定によって、実証的な証拠に基づいた「空気」の働きの理解へとつながり、このことが、新たな「風」の理解に適用されたと考えることができる。

141

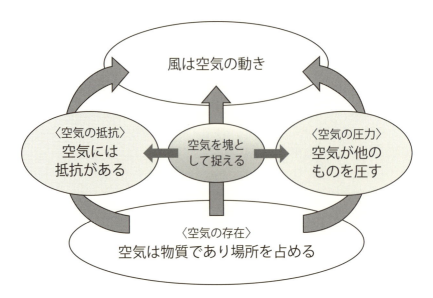

図4.5.10 「空気」と「風」をつなぐ科学的概念構築の道筋（白數・小川, 2013b）

第6節 まとめ

　本章では、米国の「科学的探究（Scientific Inquiry）」の視座から、FOSSの「空気」と「風」に関わる学習プログラムを手がかりに、小学校低・中学年の「科学的探究」を基盤とした授業デザインの有用性について検討を行った。その結果、次の2つの知見が得られた。

- FOSSの「空気」に関わる学習プログラムには、〈自由な探索〉による気付き、〈直接体験〉による実感を伴った理解、〈データ収集→結果の整理→結論の導出〉による実証的な証拠に基づいた理解、〈概念を強化するための補足の経験〉による科学的概念の理解の強化という4つの段階からなる学習サイクルが存在する。
- 〈空気の存在〉〈空気の抵抗〉〈空気の圧力〉に関わる科学的概念が、〈風は空気の動き〉であるという、子どもの科学的概念の構築に向けた意識化を促進する。

第4章 「科学的探究」学習による理科授業デザイン

　以上のことから、「科学的探究」を基盤とした「空気」と「風」の学習を
つなぐ授業デザインによって、小学校低・中学年の子どもの「風」に関わる
科学的概念の構築に向けた意識化が図られることが示唆された。

　本書の中心的なテーマである「科学的探究」を基盤とした授業デザイン
は、科学的リテラシーの育成の手段の1つであり、唯一の手段というわけで
はない。しかし、事例的研究の結果は、「科学的探究」を基盤とした授業デ
ザインが、自然の不思議さや面白さを実感する体験的な学習活動の増加と、
気付きの質を高める学習活動の充実が図れる可能性を示している。また、現
行の学習指導要領では、〈空気の存在〉や〈空気の抵抗〉〈空気の圧力〉に関
する学習が、「空気」と「風」の関係性の理解の橋渡しをするようには授業
デザインがなされていない。したがって、今後、生活科と理科のゆるやかな
接続を視野に入れた、「空気」に関わる体験的・問題解決的学習の充実が求
められる。

註

1　米国の「科学的探究（Scientific Inquiry）」は、新しい連邦レベルのフレームワー
　　クで、より広義な考え方を含んだPracticesという言葉に置き換わり、数学や工学
　　を取り込んだ理科教育が強力に推し進められている。
2　2014年時点でFOSSの採択率は全米で約2割を占め、数ある初等理科プログラム
　　の中で最も多い採択率となっている。
3　2016年時の学習プログラム概要は、第1次「空気」、第2次「空の観測」、第3次
　　「風」、第4次「変化の調査」で、学習内容は2008年時とほぼ同じである。

第5章

「科学的探究」学習による科学的概念の
構築を図るための理科授業デザイン

── 第3学年「じ石」を事例として ──

第1節　問題の所在

　近年、科学的概念構築の観点から「探究」は世界的に注目されている。

　経験主義教育理論を提唱したデューイ（Dewey, J.）は、著書 *Logic: The Theory of Inquiry* で、「あらゆる特定の知識は、特定の探究の結果として構成されるのである。知識というものは、探究の結果としての結論のなかにふくまれている諸性質の一つの一般化でのみありうる」（デューイ, 1938a, 訳, 柳, 1958）と述べている。また、「探究とは、方向づけられ制御されながらの、不確定的な状況を確定的に統一された状況へと変容することである」（デューイ, 1938c, 訳, 龍崎, 2002）とも述べている。これらのことを理科教育における「科学的探究」の場面に援用すると、子どもは「科学的探究」を通して不確定だった知識が一般化され、確定的な知識として構成されるのであると捉えることができる。

　科学概念の構造化に関わって広瀬（1992）は、1960 年代に米国で多くのプロジェクトと学習プログラムが生まれたが、教師が伝統的な教授・学習方法を修正することが困難だったことから、新しい概念を獲得していく探究活動が学習の場で十分に行われず、教育現場での学習効果はあがらなかったと述べている。ここで述べられている伝統的な教授・学習方法とは、教師が科学的概念を子どもに言葉で伝え、子どもはそれを機械的に暗記するという教授・学習方法のことである。デューイの理論に依拠すれば、「科学的探究」場面が不足した教授・学習方法では、子どもは知識を十分に構成することはできないと考えられる。

　我が国でも、探究の過程を重視した学習が重視されているが（清原, 2010）、平成 22 年に小学校教論 2688 人を対象にベネッセコーポレーション教育研究開発センターが実施した第 5 回学習指導基本調査の報告書（2010）で、「基礎的・基本的な知識・技能を活用する学習」を不安視する小学校教師が 3 割弱であるのに対し、「探究的な学習」については 5 割以上の教師が不安視しているという結果について、「基礎・基本の定着に関する学習や指導は行われているが、「探究的な学習」はまだこれからといった様子である」と述べ

第5章 「科学的探究」学習による科学的概念の構築を図るための理科授業デザイン

られている。したがって、我が国の理科教育における「科学的探究」学習の指針となり得る授業デザインの構築が必要である。

　本書では、第3章において、「理科教育における自然認識の拡張モデル」（図3.3.3）を、また、「生活科授業において気付きの質を高める『鳥の巣』を教材とした『科学的探究』の授業デザイン」（図3.4.4）を提案した。さらに、第4章において、「科学的リテラシーの育成」と「探究としての科学」を重視した『全米科学教育スタンダード：NSES』（NRC, 1996）に準拠した米国の理科教育プログラムである FOSS の、「科学的探究」学習の実像の解明を試みた。本章ではこれらの研究の成果を統合し、「科学的探究」学習の指針となり得る授業デザインの構築を目指す。その際、デューイの「探究」の理論、NSES の「科学的探究」の考え方、ヴィゴツキーの ZPD 理論を参考に、授業デザインの再検討を行う。また、事例的研究における授業デザインにおいては、FOSS の「科学的探究」を基盤とした学習モジュールの構成を参考にする。

第2節　研究の目的

　本章の研究では、子どもの科学的概念の構築の視座から、「科学的探究」学習の指針となり得る授業デザインの構築を目指す。

　そのため、第一に、先駆的に「探究的な学習」の理論を構築してきた米国の「探究」の捉え方について、デューイの理論と『全米科学教育スタンダード』の記述を参考に実像の解明に迫る。第二に、認知心理学の視点と、米国の教育プログラムの視点から「科学的探究」の教授・学習モデルの構築を試みる。第三に、事例的研究によって、構築した教授・学習モデルの有用性の検証と子どもの科学的概念の構築の実像を解明する。

第3節 米国における「探究」の捉え方

3.1 デューイの「探究」の理論

　第2章第4節4.2.1で述べたように、デューイにおける「探究」では、生活経験を重視し、体験を通じて知識が再構成されることを主張している。この、子どもの経験を重視したデューイの理論は、行き過ぎた児童中心主義に陥る危険をはらんでいるが、小西（2001）は、デューイは発展途上の児童・生徒に対して過度の信頼を置くことには批判的であったと指摘している。デューイは、著書 *Experience and Education* の中で、「教師の仕事は、衝動や欲望が生じるや、それを好機に利用する点を見定めることである。自由は、目的が発展するさいに、知的な観察と判断とがはたらいているところに存在するので、生徒が知性を実地に働かせることができるよう、教師によって与えられる指導は、生徒の自由を制限するものではなく、むしろ自由を助長するものである」（デューイ, 1938b, 訳, 市村, 2004, p.113）と述べている。デューイの著書 *Experience and Education* の訳者である市村は、その解説（デューイ, 1938b, 訳, 市村, 2004）において、「生徒の経験を起点としまた帰着点として重視するデューイの経験主義教育論では、教師の指導力は論理的には生徒の主体的な経験学習にそぐわないものとして問われない、という誤解を生む」（p.153）と述べつつ、デューイは、「生徒の主体的な教育的経験は、教師の積極的な指導なくしては成り立たない」（p.153）と考えていたと指摘している。さらにデューイ（1938b, 対訳, 市村, 2004）は、「教師というものは、共同体集団のなかで最も成熟した成員であるので、その共同体生活そのものである相互作用と相互伝達の行為について、教師ならではの特別の責任を持っている」（pp.92-93）とも述べている。つまりデューイは、後年に「探究」では、教師援助や集団相互作用による知識構成の深まりがあくまでも必要と指摘し、子どもだけでは予定調和的に知識獲得ができるわけではないと述べているのである。

　これらのデューイの理論を踏まえると、デューイが牽引した米国における

第5章 「科学的探究」学習による科学的概念の構築を図るための理科授業デザイン

「探究」では、子どもの経験を、教師の指導によってより主体的で知的なものに変えていくことが重要だと考えられていたと捉えることができる。

3.2 『全米科学教育スタンダード』の「科学的探究」

国民の科学的リテラシー向上を目的として、1996 年に刊行された『全米科学教育スタンダード』（NRC, 1996）によれば、「探究」とは、科学者が自然界を研究し、それらの研究から導かれた証拠に基づいた解釈を提案する過程で用いられる種々の方法のことであり、科学者がどのように自然界を研究するかについての理解もさることながら、児童・生徒が科学的思考の知識および理解を深める活動のことであると述べられている。

一方、デューイが考えた「探究」は、科学に特化したものではなく、学習全般に関わる理論であるという点において『全米科学教育スタンダード』の述べている「探究」より広義である。しかし、「探究」とは状況の変容であり、知識というのは「探究」の結果として結論の中に含まれると考えている点で両者の見解は一致していることから、『全米科学教育スタンダード』は、デューイが考えた「探究」の理論を基盤としていると考えられる。その証拠に、『全米科学教育スタンダード』の「探究」に関わる解説書（NRC, 2000）にデューイの「為すことによって学ぶ」という考え方が重要である（p.14）という記述が見られる。

そこで、本章では、『全米科学教育スタンダード』の"Inquiry"をデューイが考えた「探究」と関連づけて、理科教育の場における「探究」と解釈し、「科学的探究」と訳す。また、その定義を、「科学的探究とは、人が自然を研究し、それらの研究から導かれた証拠に基づいた解釈を提案し、科学的思考の知識及び理解を深める活動のことである」とする。

繰り返しになるが、NSES の「探究」に関わる解説書（NRC, 2000, pp.24-29）によれば、「科学的探究」には次の5つの教授・学習段階があると述べられている。

①科学的な質問に興味を持つ。

②質問に答えるためにデータを集め、分析方法を検討する。

③証拠に基づいて明確に説明する。

④資料を用い、自分たちの説明と科学の知識とを科学的概念に結びつける。

⑤他の人に自分たちの考えを論理的に伝える。

さらに、この解説書によれば、上述の⑤のように他人に自分の考えを伝える段階を通して、実験や観察の経験と科学的な知識とが結びつけられ科学的概念が形成される（NRC, 2000, p.27）と述べられている。また、すべての段階において子どもの主体性を期待しているが、教師の支援は必要不可欠である（p.29）と述べられている点は、デューイの理論と共通していて注目に値する。子どもは個々において主体性の度合いが異なるので、教師が支援し自己表現の機会を作っていくことで、子どもは徐々に主体的な学びができるようになると捉えているのである。

以上のことから、米国の「科学的探究」の捉え方について、次の3つの知見が得られた。

・「科学的探究」では、科学者が用いる科学的な手法を身につけることを重視している。

・「科学的探究」では、他の人に自分の考えとデータとの整合を論理的に伝えることを重視している。

・「科学的探究」では、教師の適切な支援が必要不可欠である。

第4節 「科学的探究」の教授・学習モデルの構築

4.1 ZPDの場で構成される科学的概念

理科教育の場における「科学的探究」の教授・学習モデルを構築する上で、本研究では、デューイの理論をさらに発展させ、今日の社会的構成主義や活動理論の礎を築いたヴィゴツキー（Vygotsky, L. S.）の理論を援用する。ヴィゴツキーは、「現下の水準」に対して、他人の助けを借りればできるよ

第5章 「科学的探究」学習による科学的概念の構築を図るための理科授業デザイン

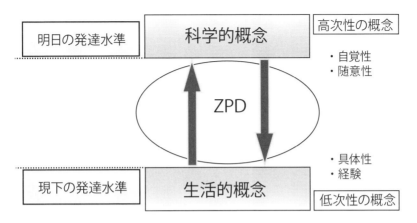

図5.4.1　生活的概念と科学的概念の発達の道筋（小川哲男,2007を改変）

うになる水準を「明日の発達水準」と呼び、「現下の発達水準」と「明日の発達水準」の間の領域を「発達の最近接領域（Zone of Proximal Development: ZPD）」と名づけた。ZPDに関連して小川哲男（2007, pp.16-24）は、「子どもの概念の発達の状態は成熟した部分だけではなく、これから成熟しつつある部分を合わせて考えなければならない。つまり、成熟した機能と成熟しつつある機能を現在の姿ではなく、次の発達の状態を想定する『発達の最近接領域』で考えることが必要とされるのである」と述べている。

また、ヴィゴツキーの著書 *Мышление и речь*（思考と言語）の訳者である柴田（2006, pp.107-109）は、人間の高次の精神活動である論理的記憶、随意的注意、反省的思考、科学的概念の習得などの活動は、すべて言葉の自覚性の発達と結びつき、低次の精神活動では、就学前の子どもが「絵をかく」「絵をかこう」「絵をかいた」「絵をかいたら」「絵をかけば」といった語形変化を日常会話の中で正しく使い分けていることを例として挙げ、語形変化が非自覚的なものであるように、低次の精神活動は経験に由来し、具体性のある状況下で働くと述べている。つまり、高次の精神活動に比べ低次の精神活動は非自覚的であり、随意な操作が苦手な領域にあると言える。

これらの指摘を踏まえると、ZPDは図5.4.1のように、低次性の概念である生活的概念と、高次性の概念である科学的概念との間の領域に位置する

と捉えることができる。

　ヴィゴツキーは、この高次と低次の間にある、発達の可能性を持つ領域である ZPD に働きかけ、発達を促すべきだと考えた。ZPD では他人の助けを借りてもできないような水準は含まない。ヴィゴツキー（1926, 訳, 柴田・宮坂, 2005, pp.312-313）は科学的概念の発達における教師の役割について次のように述べている。

> 　科学的概念の発達そのものは、子どもが生活的概念において一定の水準に達している時にのみ可能となります。子どもに科学的概念の発達がまだ不可能な年齢があります。科学的概念の発生は、自然発生的概念の一定の発達水準においてのみ可能となります。そして、科学的概念の発達が開始される曲線部分が、発達の最近接領域であると私は考えます。子どもの相対的に自主的な解決においては不可能であった操作が、教師の指導の下で可能となります。教師の指導の下で子どもに発生する操作や形式は、その後子どもの自主的活動の発達を促進するのです。

　このことを、理科の授業を行う教師の役割に援用すると、教師は子どもの生活経験を増やす方策を講じ、身につけさせたい科学的概念の素地を育む工夫をすべきであると言うことができる。

　また、ヴィゴツキー（1935, 訳, 土井・神谷, 2003, p.179）は、「科学的概念は上へすすみ、生活的概念は下をすすみつつも、のちに生活的概念は引き上げられることを示しています」と述べ、両者の関係性を明らかにしている。すなわち、子どもの科学的概念は生活的概念と科学的概念の垂直的相互作用の中において構成されるといえる。

　小川哲男（2007, pp.16-24）は、ZPD の場で構成される科学的概念について、「生活概念が科学的概念へと高まっていくためには、子ども一人では認識できないことを彼ら相互、教師との協同でしなければならない場が想定されるのである」と、双方向の発達が起こす相互作用の重要性について述べている。

　教授と発達について、ヴィゴツキー（1956, 訳, 柴田, 2001, p.304）は「われわ

第 5 章 「科学的探究」学習による科学的概念の構築を図るための理科授業デザイン

れは、教授と発達は直接には一致せず、きわめて複雑な相互関係のなかにある二つの過程であるということを知った。教授は、発達の前を進むときにのみよい教授である。そのとき教授は、成熟中の段階にあったり、発達の最近接領域にある一連の機能を呼び起こし、活動させる。ここに、発達における教授の主要な役割がある」と、得られた知見を統括して述べている。このことを、理科教育における「科学的探究」場面に援用し、本章第 3 節 3.2 で述べた、教師の適切な支援の内実に迫るならば、教師は子どもの生活的概念を呼び起こしつつも、子どもがすでに知っている内容を教材にするのではなく、子どもが自分 1 人では解決できない事物・現象を教材に用いることで、他の子どもたちや教師との共同作業が起こり、生活的概念の引き上げが起こり、新しい科学的概念を獲得していくのだと考えることができるのである。

4.2 水平的相互作用

ZPD について佐藤（1999, p.35）は、「ヴィゴツキーは、最近接発達領域を形成していくものとして大人からの教育的な働きかけや大人との垂直的な相互作用だけに限定しているのではなく、発達を促進するような形で関わっている子どもとの間の共同作用、つまり水平的相互作用というものを含めていたと考えることができる」と述べている。

このことは、エドワード・デ・ボノ（Edward de Bono）が 1967 年頃から提唱した水平思考（Lateral Thinking）に関連づけて考えることができる。水平思考とは、新理科教育事典（井口尚之, 1991）によれば、「ある問題設定の支配的な枠にとらわれて考えること（垂直思考）を離れて、いろいろと考えをめぐらして、その問題についての、より良いアイデアをみつけようとすること」と述べられている。エドワード・デ・ボノは、水平思考と垂直思考をコインの表裏のようなものとたとえ、「水平的思考が新しいアイデアを生み出し、垂直的思考がそれを発展させるのである」（エドワード・デ・ボノ, 1969, 訳, 白井, p.13）と述べている。ZPD において科学的概念は「学問的・社会的に専門化された概念」として位置づけられているが、この考え方を理科教育における「科学的探究」場面に援用すると、教師の考える方向や解決を急いで、

153

論理的思考や分析的思考などの垂直的思考に偏りがちな学習場面において、言葉や教材を媒介とした子どもと子どもの水平的相互作用も重視し、両者をバランスよく展開させて関係づけていくことが、発達の促進にとって重要であると捉えることができる。

4.3　FOSS の科学的探究の学習過程

　小倉（2001, p.80）は、「水平的カリキュラム設計」を実現している米国で歴史の古い教育プログラムとして、FOSS（Full Option Science System）を紹介し、FOSS の水平的カリキュラム設計について、ある段階で多様な経験を提供する数多くの実際的な体験活動を伴う探索活動を含んでいて、どの活動も、児童に期待する認知的要求が彼らの認知能力を超えないように注意して設計されていると評価している。FOSS は、米国カリフォルニア大学バークレー校の科学教育機関ローレンスホール・オブ・サイエンス（Lawrence Hall of Science）で開発された初等理科プログラムの1つである。第4章第2節で紹介した通り、人見（2005）は、FOSS の歴史は『全米科学教育スタンダード』より古く、FOSS における科学的探究は、科学の本質を理解することまで範囲を広げて重視して扱われていると述べている。

　FOSS の教師用指導書（Lawrence Hall of Science, 2008）には、次の6項目について、教授法の解説が記されている。

・科学的探究
・ハンズオンによる体験的な学び
・五感の活用
・子ども相互の学び合い
・言葉を使った話し合いと考察
・読むことと調べること

　この解説を要約すると、FOSS では「科学的探究」を理科教育の柱と位置づけ、体験的な学びや教材を共有することで、子どもたちは相互に学び合い、また、読み物を読んだり調べたりする過程を通して、「科学的探究」が進行するという考えを読み取ることができる。

第 5 章　「科学的探究」学習による科学的概念の構築を図るための理科授業デザイン

　さらに小倉（2001, pp80-82）は、FOSS には学習サイクルが埋め込まれているとし、「教材の自由な探索から始まり、見つけたことについての討論の中で、用語が導入され、さまざまな考え方が露呈される。そして、概念を強化するための教材を用いた補足の経験へと続く。用語は、いつも、生徒たちが直接体験をした後の状況で導入される」と FOSS の学習の特徴を紹介している。

　本研究の事例的研究では、第 3 学年「じ石」を取り上げている。そこで、FOSS の学習モジュール第 4 学年「磁気と電気」を例に、具体例に基づき教授・学習モデルの解釈を試みる。この学習モジュールは、1 次から 5 次で構成されているが、2 次から 4 次は、電気と電磁石に関する学習であり、1 次のみを検討の対象とする[註1]。

　1 次 1 時では、子どもにドーナッツ型磁石を渡して自由な探索をさせている。その後、磁石について知っていることを挙げさせ、生活的概念を呼び起こさせている。さらに、磁石以外に数種の金属と磁鉄鉱を含む石、棒を渡して自由な探索をさせている。この過程で子どもは自ら磁石の性質について様々な発見を行うことが期待されている。

　1 次 2 時では、自由な探索をさせるものの、磁力が離れていても働くことや、鉄を伝わって他の鉄に働く場面を取り上げ、その様子を絵に描かせている。

　1 次 3 時では、特別な教具を用いて磁石同士の距離と働く力との関係を測定させ、結果をグラフにまとめて考察をさせている。

　1 次 4 時では、1 人が箱の中に磁石を隠し、他の人が方位磁石や砂鉄を用いて中の磁石の様子を当てる活動をさせている。

　FOSS が用意している科学読み物 *Magnetism and Electricity*（Lawrence Hall of Science, 2005）には、磁石に関連して、「磁鉄鉱」「磁力」「磁力と距離」「方位磁石と磁化」の 4 つの話題が紹介されていて、子どもが獲得した科学的概念を確認しつつ、補完する役割を担っている。

　これらのことから、FOSS には、自由な探索→測定などの体験的な学び→科学的概念との結びつけ、という一連の学習サイクルが埋め込まれていることが示唆される。

155

このサイクルの自由な探索の場では、子どもは1人でも学習が進められるが、徐々に、他の人と協力することでより効率的に多くの発見ができるように教材が準備されている。例えば、ドーナッツ型磁石の穴に通す棒があっても、磁石は1人1つしか与えていないので、2人で協力しないと退け合う磁石が宙に浮く現象を見ることができない。また、子どもたちが体験的に学ぶ途中で、教師は適切なタイミングを見計らって、子どもの発見を言語化する。例えば、"Word Bank" と書いた模造紙に教師は、"Magnetism"（磁気）という言葉を記録する。また、"Content/Inquiry" と書いた模造紙には、「2つの磁石の距離が遠ざかるほど磁力は弱まる」と書く。このような言葉は重要な科学的概念を含んでいる。

　これらのことから、FOSS の「科学的探究」では、子どもと子どもの学び合いが重視されていることと、教師が子どもの学びを言葉に置き換えていくことで、子どもの科学的概念はより強固なものとして定着すると考えていることが示唆される。

4.4　3つの理論を融合させた教授・学習モデル

　筆者らは、理科教育の場における「科学的探究」の教授・学習モデルを構築するにあたってこれまでの研究成果を統合した。具体的には、第3章の「理科教育における自然認識の拡張モデル」（図3.3.3）、「生活科授業において気付きの質を高める『鳥の巣』を教材とした『科学的探究』の授業デザイン」（図3.4.4）、第4章の FOSS の学習プログラムの設計の考え方と本章で整理した学習モジュールを参考にし、ZPD の場において科学的概念が構成される過程を、「自由な探索」「体験的な学び」「科学的概念との結びつけ」の3つと仮定した。そして、3つのステージが、水平思考を軸とした水平的相互作用の中で、水平方向と垂直方向に輪を広げるように進行すると仮定し、図5.4.1で示した ZPD の場と重ねて表したのが図5.4.4である。

　第1の「自由な探索」のステージでは、子どもは自分が何を知っていて何を知らないかを明らかにしていく。第2の「体験的な学び」のステージでは、子どもは疑問を解決するために、実験や観察を行う。第3の「科学的概

第5章 「科学的探究」学習による科学的概念の構築を図るための理科授業デザイン

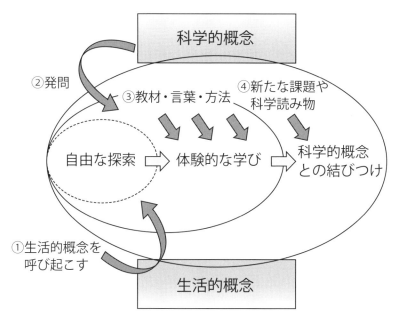

図5.4.4　ZPD理論に基づいた「科学的探究」の教授・学習モデルと教師の役割
（白數・小川, 2013c）

念との結びつけ」ステージでは、子どもはこれまでの学習を振り返りながら、学んだことを活用して新たな課題に取り組んだり、学んだことを他の人に伝えるために読み物を活用し自分の考えを表現したりする過程を通して、生活的概念と科学的概念とを調和させていく。図5.4.4に示した輪は、子どもの自然認識の広がりと捉えることができる。「科学的探究」の進行とともに、子どもの自然認識が広がり、やがて生活的概念と科学的概念は、この輪によって結ばれ、子どもの学習活動において経験に裏づけされ、かつ、随意性を持った科学的概念として構築される。

　この教授・学習モデルの内容は、次の3点において前に示した探究の捉え方と内容妥当性があると考えられる。
・子どもの自然認識が、生活的概念と科学的概念の間の発達が期待される領域で広がっている点で、ヴィゴツキーのZPD理論に合致する。
・学習が生活的概念と科学的概念の間を水平的に進行する様子が、ヴィゴ

ツキーの ZPD 理論の解釈と、エドワード・デ・ボノが提唱した水平思
考、FOSS の水平的カリキュラム設計の考え方に合致する。

・自由な探索→体験的な学び→科学的概念との結びつけ、という学習サイ
クルは、FOSS のものと合致する。

この教授・学習モデルの新しさは次の 2 点である。

・エンゲストローム（Engeström, Y.）（2001）[注2]は、文化歴史的で長期的な
視点から ZPD 理論を拡張的学習サイクルに位置づけ、モデル化を行っ
ている。一方、本研究では ZPD 理論を科学的探究を軸とした理科教育
の文脈に位置づけ、学習時間単位のモジュールに焦点を絞ってモデル化
を行っている。

・ZPD 理論と FOSS の学習サイクル理論を融合させた教授・学習モデル
および教師の役割のデザイン（図 5.4.4 の①〜④）に新しさがある。

以上の検討を踏まえて、「科学的探究」場面における教師の役割について、
次の 4 つの知見を得た。

①教師は、子どもの生活的概念を呼び起こすように働きかける。

②発問は、多くの子どもがまだ身につけていない科学的概念の側から、適
度の困難さをもって提示する。やさし過ぎてはならない。

③「体験的な学び」が進行する過程では、子どもの実態を注意深く観察
し、子どもが操作しやすい教材や、子どもの認知レベルにあった言葉、
疑問を明らかにするのにふさわしい実験や観察の方法をタイミングよく
提示することで、子ども同士の学び合いを促進させるように配慮する。

④「科学的概念との結びつけ」段階では、学んだことを活用することので
きる新たな課題を設定したり、体験的な学びと科学的概念とをつなぐの
にふさわしい科学読み物を提示したりする。

なお、上述の①〜④は、図 5.4.4 の①〜④に対応させた。

第5章 「科学的探究」学習による科学的概念の構築を図るための理科授業デザイン

第5節 我が国の理科教育における問題点

5.1 科学的探究から見た理科教育の問題点

　本章の第1節で述べたように、我が国では5割以上の小学校教師が「探究的な学習」の指導を不安視していることから、教科書の流れに依拠した授業展開が多くなる傾向がある。池田（2004）は、教科書に示された実験は、「きまり」を発見させることを意識した記述が多いと指摘している。また、教科書の学習内容の配列の流れに則した授業を行えば、教師の発問も発見させたい「きまり」に結びつくように設定されることになる。

　例えば、小学校第3学年「じ石」の授業では、鉄は磁石につきアルミニウムは磁石につかないという「きまり」を発見させるために、身の回りの物に磁石を近づけさせるが、その際の発問は、「どんな物がじ石につくだろうか」といった発問となる。このような理科教育の流れにおいては、次の2つの問題点を挙げることができる。

　第一に、発問が日常生活から乖離しがちであり、子どもが学習に対して目的意識を持つことが困難な場合が多い。例えば、子どもたちは日常生活の中でどんな物が磁石につくか知りたいと思っているとは限らず、それを知ることが日常生活のどのような場面で生かされるか分からないまま学びを進めがちである。

　第二に、発問に対する答えの多くが「きまり」として教科書に示されていることから、求められる答を読んだ子どもは、課題解決のための議論や実験を意欲的に行えなくなりがちである。

　科学的探究においては周知の通り「きまり」を発見することだけが重要ではなく、発見するプロセスを学習することが極めて重要である。すなわち、問題の発見、実験の計画と実施、実験器具の操作、得られた記録のデータの処理、モデルの形成や規則性を発見する活動が重要になるのである。しかし、このような科学的探究の活動は容易に可能となるのものではなく、子ども自身が何をどのように明らかにしたいのかという目的意識を持って観察や

実験を行い、子ども同士でデータを解釈したり判断したりする経験を多く持つことによって実現すると言える。

5.2　科学概念形成から見た理科教育の問題点

あらゆる概念がそうであるように、科学概念も内包と外延から構成される。したがって、科学概念形成の学習においては、当該の科学概念の内包と外延を明確に捉えさせることが必要となる。そこで、理科教育においては、個々の科学概念の中でも、典型事例を基に、内包についての理解をさせることになる。典型事例の提示は、ZPD 理論を援用すれば、生活的概念の呼び起こしが契機となるが、我が国の理科教育では発問が日常生活から乖離しがちであり、子どもが外延を明確に捉えていくことに課題があると考えられる。したがって、理科教育においては、科学概念の典型的な事例を身近なところから呼び起こして提示し、内包の獲得を目指させ、さらに当該の科学概念の適用の可能な事例に発展させていくように授業をデザインする必要がある。

例えば、小学校第 3 学年の子どもは金属の種類を意識するような経験を多くは積んでいないことから、様々な金属を鉄と同一視しがちであり、金属は磁石につくと考える傾向が強い。そこで鉄は磁石につくことを学んだ後に、鉄かどうか判断に迷う金属を用意し、正体を調べる活動を行うことによって、科学的概念の構築を図るべきであると言える。

第 6 節　「科学的探究」の教授・学習モデルに基づく事例的研究

6.1　授業デザインの基本的な視点

本章では、第 5 節の 5.1 と 5.2 に示した問題点を解決するために、子どもにとって身近な事物・現象を提示し、子どもの学ぶ意欲と目的意識を持続させる授業デザインの構築を目的とする。

第5章　「科学的探究」学習による科学的概念の構築を図るための理科授業デザイン

　具体的には、「科学的探究」の教授・学習モデル（図5.4.4）の有用性を、小学校第3学年「じ石」単元を事例として検討する。この単元では、磁石の性質について興味・関心を持って追究する活動を通して、磁石につく物とつかない物を比較する能力を育てるとともに、それらについての理解を図り、磁石の性質についての見方や考え方を持つことができるようにさせることがねらいである。

　本章の授業デザインでは、教科書にある学習内容の配列を参考にしながら、ときには教科書から離れ、「きまり」を用いて課題を解決する新たな発問をするなど、課題に適度な困難さを持たせ、結果を整理して科学的に解釈し考察する活動の充実が図れるように配慮した。また、これらについて自分の考えをまとめ表現する学習活動を組み込んだ。さらに、日常生活に見られる自然事象との関連を図った指導の充実が図れるように配慮した。すなわち、これまでに身につけた知識や技能をもとに、新たな事象について自分なりに考察し、判断し、結論を導き表現していく授業デザインを目指した。この授業デザインを図5.4.4に当てはめて示したものが、図5.6.1である。

　図5.6.1に示した通り、「自由な探索」のステージでは、身の回りにある磁石に目を向け、自由試行によって確認した磁石の性質と生活的概念とが関係づけられることを期待する。例えば、2つの磁石で下敷きをはさんで一方が他方を動かすことを体験しながら、冷蔵庫に磁石で紙をはさんでいるという生活経験に裏づけされた生活的概念が呼び起こされ、磁力は離れても作用するという科学的概念と結びついていく。また、教室の窓枠に磁石がつかないことを体験しながら、ある子どもはお金が磁石につかないことを思い出し、何が磁石について何がつかないか知りたいと思うようになることが想定される。

　「体験的な学び」のステージでは、教師が科学的概念の側から、きまりを用いて課題を解決する適度な困難さのある発問を行い、適切なタイミングを見計らって「教材」「言葉」「方法」を提示することで、教師と子どもの垂直的相互作用と、子ども同士の水平的相互作用が活発化することを期待する。

　具体的には、「鉄は金属であるから、金属は磁石につく」と考えがちな科学的概念構築における発達課題を乗り越えるために、磁石につかない金属も

161

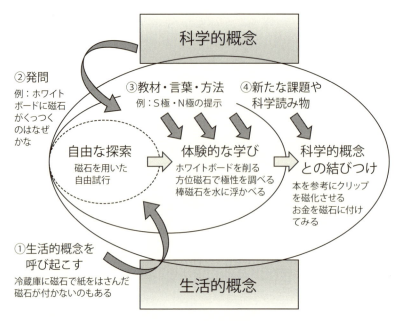

図5.6.1 ZPD理論に基づいた「科学的探究」の教授・学習モデルと教師の役割の磁石の学習場面への適用

あることを確認した上で、「ホワイトボードに磁石がつくのはなぜか」という、教科書に示されていない発問を行い、ホワイトボードという教材を提示し、科学的概念を子どもが活用して課題を解決する演繹的な授業を取り入れる。その際、離れて働く磁石の力を「じ力」と呼ぶことや、磁石には引きつけ合う場合と退け合う場合があることなど、科学的な言葉や現象に対する共通理解を確認し、それらに基づいて子どもが思考したり、子ども相互のコミュニケーションが図ったりしやすくなるように環境を整える必要がある。また、ホワイトボードの表面を削って中を見るために、紙やすりを用意しておき、削るという方法を提示するタイミングを図る必要がある。

「科学的概念との結びつけ」のステージでは、教師の言葉や科学読み物などの教材と、友達の意見とが、子どもの内面で再構成され、さらに生活的概念と科学的概念が調和的に構築され、随意性を持つようになることを期待する。

第5章 「科学的探究」学習による科学的概念の構築を図るための理科授業デザイン

具体的には、クリップを磁化させることに苦労する子どもに、上手なやり方が書かれている科学読み物『じしゃくのふしぎ』(ブランリー, 2009)[註3]のページを示し、書かれている方法を試させたり、他のページに書かれていた「1円玉、5円玉、10円玉は磁石につかない」という記述から、「お金は全部磁石につかないのか」という新たな課題を示したりすることで、一度学習したことを活用して表現させることで生活的概念と科学的概念の結びつきを強くする効果に期待する。これらの方策によって、言葉や教材を媒介とした教師と子どもの垂直的相互作用と、子どもと子どもの水平的相互作用の双方が促進され、金属には磁石につく物とつかない物があるという科学的概念の構築が一層進むようになるというのが本章の研究仮説である。

6.2 理科授業による事例的分析の概要

6.2.1 実施時期
2011 年 12 月～ 2012 年 1 月。

6.2.2 実施対象
東京都内の私立大学の附属小学校第 3 学年 1 組 33 名。

6.2.3 授業実践の概要
本授業実践は、啓林館の平成 23 年度教科書に準拠して行った。授業実践の概要は下記の通りである。【 】内は、子どもに提示した主な学習課題を表している。また、筆者なりの工夫を加えた実践箇所を下線（＿＿）で示した。
〈「自由な探索」のステージ〉
　1 時【じ石のひみつを発見しよう】
　　身の回りのどのようなところに磁石が使われているか考えを持つ。棒磁石・クリップ・方位磁針を用い、自由試行によって磁石について気付いたことを記録する。
　2 時【じ石につく物とつかない物を分けよう】
　　実験によって磁石につく物とつかない物とを分類する。

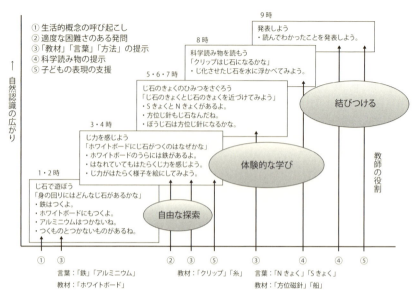

図5.6.2.3 ZPD理論に基づいた「科学的探究」の教授・学習モデルと教師の役割に適合させた第3学年「じ石」の指導計画概要

〈「体験的な学び」のステージ〉

3時【ホワイトボードにじ石がつくのはなぜか】

ホワイトボードの表面をはがして内側に鉄が入っていることを確認する。

4時【じ石からはなれていても鉄はじ石につくことをたしかめよう】

磁力が働く様子を絵で表す。

5時【じ石の力はどこでも同じだろうか】

棒磁石では端ほど磁力が強いことと、磁石には極があり、同極は退け合い、異極は引きつけ合うことを確かめる。

6時【方位じ針はじ石なのだろうか】

方位磁針に磁石を近づけて、方位磁針の針に極があることを確かめる。

7時【ぼうじ石も方位じ針になるだろうか】

棒磁石を水に浮かべて南北を向くことを確かめる

〈「科学的概念との結びつけ」のステージ〉

8時【クリップはじ石になるかな】

第5章 「科学的探究」学習による科学的概念の構築を図るための理科授業デザイン

絵本『じしゃくのふしぎ』（ブランリー, 2009）を読んで分かったことを
ノートにまとめる。また、絵本に書かれている方法で鉄を磁石で磁化さ
せる。

9時【お金はじ石につかないのか】

お金は磁石につかないか確かめる。

お金は何でできているか教師の話を聞く。

この授業実践の概要は、図5.6.2.3に示した通りである。

6.2.4 分析の目的と方法

ZPD理論に基づいた「科学的探究」の教授・学習モデルと教師の役割を
適合させた指導計画に基づいて事例的研究を実施し、子どもの生活的概念
の範疇から、科学的概念の高次なレベルに高まる場面について、子ども同士
による水平的相互作用と、教師と子どもとの垂直的相互作用の2つの視点か
ら、子どもの科学的概念構築について分析をする。分析にあたっては、ビデ
オ録画に基づいて作成したプロトコルおよび、子どもの行動観察、子どもが
書いた記録をもとにした。

本研究で示したカリキュラムデザインにおける子どもの科学的概念の構築
に関わる分析枠組みについては、垂直的相互作用によって獲得した科学的概
念につながる言葉と、水平的相互作用による友達の考えの双方を結びつけな
がら自分の考えを構成したときに、相互作用を起源とした子どもの科学的概
念の構築が確認できたとみなすこととする。

また、第8・9時で科学読み物を活用したことによる学習効果は、質問紙
法による調査の結果をもとに分析した。質問紙による調査は、第8時が終了
した後の2012年1月25日と、科学読み物を読んだ第9時から4週間後の2
月23日に、同じ質問紙を使って行い、人数の増減数を2×2のクロス表（表
5.6.4a、表5.6.4b）にして、直接確率計算法で子どもの科学的概念の変容の有
無を検討した。有効人数は32名であった。用いた質問紙は図5.6.2.4に示
した。

質問紙による2回目の調査を、第9時が終わって4週間後に実施したこと

165

じしゃくにつくものを、○でかこみましょう。

プラスチック　　金ぞく　　ガラス

アルミニウム　　ゴム　　てつ　　紙

②　ちきゅうが大きなじしゃくだとすると、正しいのはどちらですか。
　　正しい方に○をつけましょう。

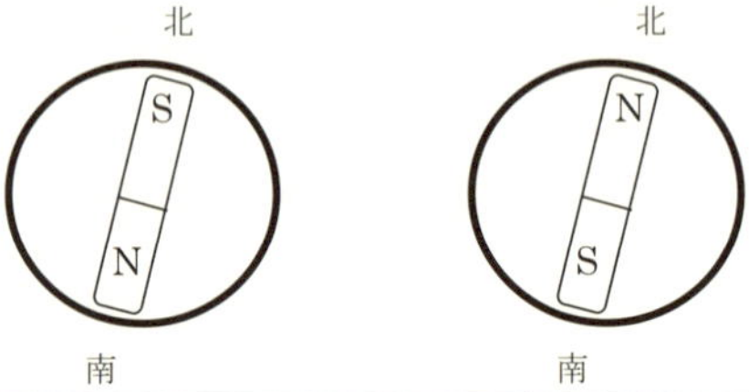

図5.6.2.4　調査に用いた質問紙

により、子どもに定着した科学的概念の状況を測ることが可能となると考えた。また、プロトコル分析と質問紙法による分析の結果を組み合わせることで、教授・学習モデルの有用性を検討することが可能になると考えた。

6.3　理科授業による事例的分析の結果

　第3学年1組の第1時のビデオ記録などに基づき、棒磁石を1人1本渡したときの子どもの行動を分類したものが表5.6.3a である。

　また、身の回りの磁石や金属の種類に関わる学習の発話プロトコルを表5.6.3b、表5.6.3c, 表5.6.3d、表5.6.3e、表5.6.3f に示した。表5.6.3b は第1時の発話プロトコル、表5.6.3c は第2時の発話プロトコル、表5.6.3d は第3時の発話プロトコル、表5.6.3e は第4時の発話プロトコル、表5.6.3f は第8時の発話プロトコル、表5.6.3g は第9時の発話プロトコルである。本章における発話プロトコルのT1、T2、T3……は、1人の教師の発話を発話の順に従って番号を付けたもので、表中のC1、C2、C3……は、それぞれ、子どもの名前を記号に置き換えたものである。発話プロトコルの（　）

第5章 「科学的探究」学習による科学的概念の構築を図るための理科授業デザイン

表5.6.3a　磁石を使用した後の子どもの活動（第1時）

N＝33

子どもの活動	人数
磁石につく物とつかない物を探す。	33人
1つの磁石をもう1つの磁石で動かす。	33人
2つの磁石でS極とN極の関係を調べる。	30人
鉄と磁石の間に下敷きなどをはさむ。	20人
磁石につけた鉄にさらに鉄をつける。	8人
教室（理科室）にあった方位磁針に磁石を近づけて針の動きを観察する。	4人

内は、筆者が補足として記述した文で、下線（＿）は、事例的分析の考察で引用する発話を強調させた部分である。

さらに、図5.6.3a、図5.6.3b、図5.6.3c に子どものノートの記録を示した。図5.6.3a は第2時の子ども（C8）、図5.6.3b は第3時の子ども（C15）、図5.6.3c は第9時の子ども（C19）のノートの記録である。

表5.6.3b　発話プロトコル（第1時）

T1：身の回りで磁石を使った物にどんな物がありますか。
C1：ふでばこ。
C2：マグネット。（教室の前に出て、ホワイトボードについたマグネットを動かす）
C3：かばんにもある。
C4：冷蔵庫につける。

表5.6.3c　発話プロトコル（第2時）

T2：磁石の秘密で、他にどんなことが分かりましたか。
C5：同じおろし金でも、磁石につくのとつかないのがあった。
T3：（おろし金を見せて確認しながら）つくのとつかないのがありますね。どうしてだと思いますか。近くの人と相談して考えたことをノートに書きましょう。
T4：それでは、発表できる人はいますか。
C6：何でできているかによると思います。

C7：金属には、銅とか、アルミとか、鉄とかがあるから。

（中略）

T5：金属でもつく物とつかない物があることが分かりましたね。鉄は磁石につきます。アルミニウムは磁石につきません。

表5.6.3d　発話プロトコル（第3時）

T6：ホワイトボードに磁石がつくのはなぜでしょう。ホワイトボードミニを持ってきました。

C9：中に鉄が入っている。

C10：白い色を塗っている。

C11：中に磁石が入っている。

T7：裏が段ボールになっていて、板が出てきます。

　　（灰色の金属板を外して振って音を出す）

C12：アルミだ。

表5.6.3e　発話プロトコル（第4時）

（教師がホワイトボードの表面を紙やすりで削る方法を示し、子どもたちにホワイトボードの中がどうなっているか調べさせた後）

T8：ホワイトボードに磁石がつくのはなぜでしょう。

C13：鉄に色がかぶさっていると思いました。

T9：なんでそう思ったんですか。

C13：削ってみると銀の色が出てきたから。

C14：削った後のにおいを嗅いだら、鉄のさびのようなにおいがした。

T10：においで鉄と判断した人。（7人が手を挙げる）

T11：なんのにおいがした。

C14：鉄棒とか。

表5.6.3f　発話プロトコル（第8時）

（子どもたちに絵本を配り、磁石に針をこすりつけて磁化させる実験を紹介した）

第5章 「科学的探究」学習による科学的概念の構築を図るための理科授業デザイン

T12：どういうことが書いてあったか分かりますか。

C16：針が磁石になる。

T13：針が磁石になるんだよっていうことが書いてあったんだけど、やり方はどこに書いてありましたか。

C17：10ページ。

T14：10ページ。なんて書いてありますか。

C（多数）：かるくこすりつけながら手前にひこう。

T15：こういうのやったことがある人。

（C：ほとんど手が挙がらない）

T16：その絵本を見ながら、やってみてください。

<u>C18：あれ、つかない</u>。

T17：やり方が書いてあるからよく読んだほうがいいと思うよ。場所もよく見て。磁石の力の一番強いところはどこかな。

C20：1、2、3、4、5…（数えながら棒磁石の中ほどでこすっていたのを、絵本を読み返した後、端でこするようになる）

C20：先生、くっついた。

C（多数）：くっついた。

T18：押したり引いたりしたらだめって書いてあるよ。

C21：（絵本を読み返した後）あ、できた！

　教師は、絵本の14～16ページを音読させ、子どもたちに、磁化させた針を水に浮かべてコンパスを作る実験を行うよう指示し、20分後、すべての子どもが、磁化させたクリップで方位磁石を作り終えた。

表5.6.3g　発話プロトコル（第9時）

（第8時で子どもたちは、絵本を読んで分かったことをワークシートにまとめている。そのワークシートを班でお互い見せ合った後の話し合いの場面）

T19：何人かの人にお願いしたので、その人たちの発表を聞いてみて。では、C22さん。

C22：地球磁石のS極は北極の近くにある。磁石のN極とS極は近づ

こうとする。だから、コンパス石のN極は地球磁石のS極、つまり
北極のほうを向く。

T20：地球は磁石なんだって書いた人。

C（多数）：（手を挙げながら）は〜い。（手を挙げる）

T21：C22さんは、その中でも、極に注目していました。SとNがこれ、
逆なんじゃないのって思った人。

C：（15人ぐらいが手を挙げながら）は〜い。

T22：なんでこっちが（地球の絵の北極付近を指し）Sなんでしょうか。説
明できる人。C23さん。

C23：地球は北がSで、南はNだけど、コンパスは、S極とN極はくっ
つくから、S極のほうをN極が……。

C24：コンパスだったら、いつも必ずNが北を向くんですよ。なのに、
これ見たら、なんでSって……。

T23：C23さんが言ってくれたけれど、Nを引きつけるのは何極？

C25：S。

T24：英語に詳しい人は逆じゃないのって思った人がいるかもしれない
けど。北のことをノースって知ってた人は、北はS極ってなんか変
だなって思ったんだよね。N極がいつも指すからノースなんですよ。
では、もう一個。C26さんが知りたいと思ったことは？

<u>C26：鉄に似ている100円玉や500円玉は別の種類なんですか。</u>

T25：それは何ページぐらいのことを言ってるの？

C26：8ページ。

T26：C26さんが、お金はどうかって言っています。C26さん、前でやろう。

（C26が1、5、10、100円玉に磁石を近づける様子をスクリーンに映す）

C26：全部つかない。

T27：磁石につく物は……。

C27：鉄。

T28：なんでお金は磁石につかないの。

C28：お金は鉄じゃないから。

第5章 「科学的探究」学習による科学的概念の構築を図るための理科授業デザイン

T29：そうですね。お金は金属だけど、金属にはいろいろな種類があります。お金には鉄が入ってません。1円玉はアルミ、5円玉は銅と亜鉛、10円玉はほとんど銅、100円玉は銅とニッケルでできています。

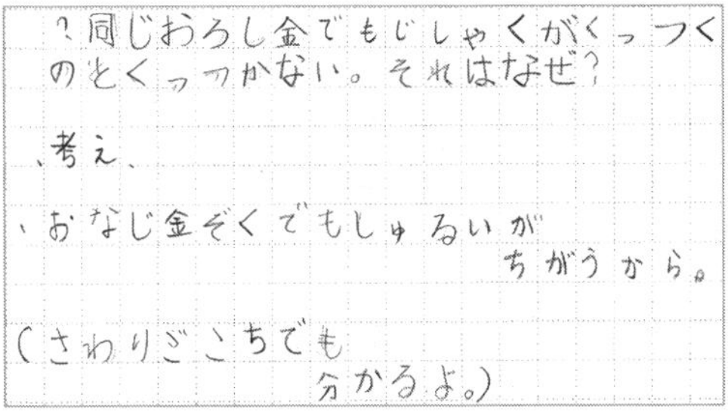

図5.6.3a 子ども（C8）のノートの記録（第2時）

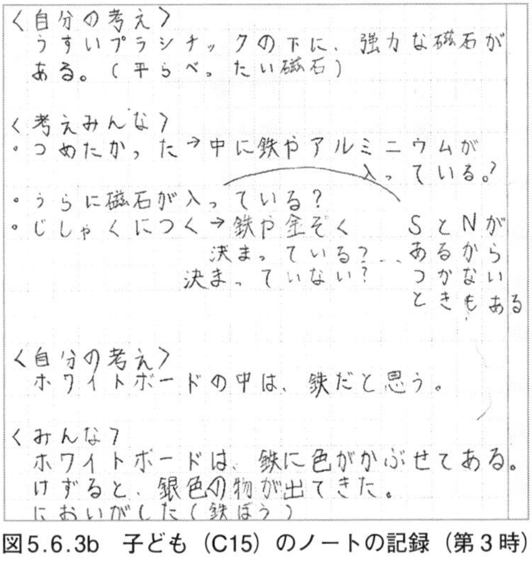

図5.6.3b 子ども（C15）のノートの記録（第3時）

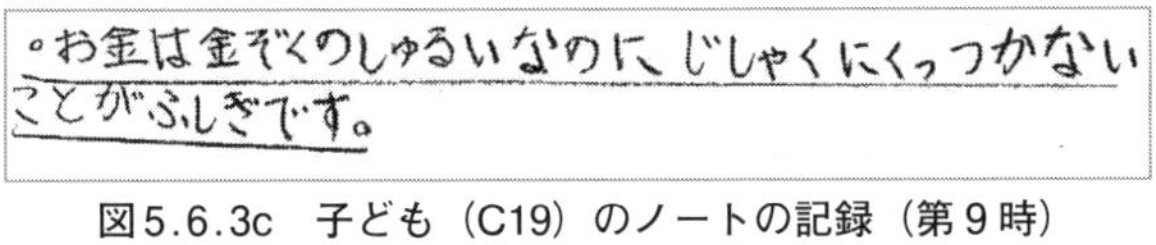

図5.6.3c 子ども（C19）のノートの記録（第9時）

表5.6.4a　「じしゃくにつくもの」に関わるクロス表

N＝32

	「てつ」のみに○印（正答）	「てつ」以外に○印（誤答）
1回目　(1/25)	1	31
2回目　(2/23)	24	8

P ＝ 0.0000（p<0.05）有意に増加

表5.6.4b　「地球磁石の北は何極か」に関わるクロス表

N＝32

	地球磁石の北はS極（正答）	地球磁石の北はN極（誤答）
1回目　(1/25)	2	30
2回目　(2/23)	20	12

P ＝ 0.0000（p<0.05）有意に増加

6.4　質問紙による調査の結果

　第8時が終了した後の2012年1月25日と、第9時終了した日から4週間後の2月23日に行った質問紙による調査の結果を表5.6.4aと表5.6.4bに示した。

　表5.6.4aと表5.6.4bの結果から、どちらもp=0.0000（両側検定、p＜0.05）となり、5％の危険率で有意に正答の人数が増加していることが分かった。

第7節　理科授業による事例的分析の考察

7.1　概念発達の検証と相互作用の存在の検証

　表5.6.3aに示した通り、第1時で磁石を渡したときに、子どもは様々な活動をすることが分かった。この中にはS極とN極の関係を調べる活動が含まれているが、磁石は1人に1つしか渡していないことから、子どもは相互に協力しながら学習を進めたことが分かる。結果的に、半数以上の子どもが、第3時につながる鉄と磁石の間に下敷きなどをはさむ活動と、第5時につながる2つの磁石でS極とN極の関係を調べる活動を行った。また、数

第5章 「科学的探究」学習による科学的概念の構築を図るための理科授業デザイン

名ではあるが、第5時で磁力の強さを調べる方法につながる磁石につけた鉄にさらに鉄をつける活動や、第6時につながる方位磁針に磁石を近づけて針の動きを観察する活動を行った子どももいた。

このように、本単元の学習の初期である「自由な探索」のステージにおいて子どもの自由試行を保証することにより、生活的概念が呼び起こされ、その後の科学的概念の発達の素地が育まれる可能性が高まることが示唆された。

次に図5.6.3bに示したノートの記録から、C8は金属の種類の違いを「さわりごちでも分かるよ」と、五感の活用によって直接経験と知識との関連を図ろうとしている。しかし、この段階では金属の名前は書かれていない。その後の展開の中で、表5.6.3cに示した通り、「金属には、銅とか、アルミとか、鉄とかがあるから」（C7）という発話によって、アルミや鉄という言葉が子どもから導出され使用されるようになる。しかし、表5.6.3dに示した通り、磁石がつくホワイトボードの中から取り出された灰色の金属板を、その色から「アルミだ」（C12）と考えた子どもがいることから、アルミニウムは磁石につかないという科学的概念が獲得されるには、さらなる学習の深まりが必要だと考えられる。

「体験的な学び」のステージでは、表5.6.3eに示した通り、ホワイトボードの表面を紙やすりで削る活動の後、「鉄に色がかぶさっていると思いました」（C13）と、物の本体を見極めようとし、さらに、「削ってみると銀の色が出てきたから」（C13）という発話に見られるように、金属としての着目がなされるようになってきている。そして、においという金属の性質にも着目し、「削った後のにおいを嗅いだら、鉄のさびのようなにおいがした」（C14）という意見が子どもから出されるようになってきた。そのにおいを「鉄棒とか」（C14）と表現したように、子どもは自ら生活経験と結びつけて金属の正体を見極めようとしている。このような多様な意見が表出されたことは、子ども同士の水平的相互作用の表れである。

また、図5.6.3bのノートの記録に示した通り、C15は、はじめはホワイトボードの中に磁石が入っていると考えていたが、もし磁石なら極の違いで、磁石のつかない場所ができるのではないかという友達の意見を受けて、

173

「ホワイトボードの中は鉄だと思う」と考えを変えている。このように C15 の考え方が変わっていったことは、子ども相互の水平的相互作用の表れであり、これを契機に科学的概念が構築されていくものと考えられる。

第3の「結びつけ」のステージでは、地球が大きな磁石だったとしたら、北は N 極になっていると考えた 30 人のうちの 1 人であった C2 が、第 9 時のプロトコルにあるように、「地球は北が S で、南は N だけど、コンパスは、S 極と N 極はくっつくから、S 極のほうを N 極が…」(C2) と、科学読み物を読むことで、自分の考えを修正している。また、科学読み物を読んでお金は磁石につかないことを知った C5 は、「鉄に似ている 100 円玉や 500 円玉は、別の種類なんですか」(C5) と、教師に素朴な疑問を投げかけている。そして、実際にお金に磁石を近づける経験を通じて、金属でも磁石につかない物があることを再確認している。このことから、目的意識を持って科学読み物を読み、書かれていることを確かめてみたいと思うことによって、子どもの素朴概念は修正され、新たな科学的概念として再構成される契機となり得ることが示唆された。

7.2 教師の指導の影響の吟味

表 5.6.3b に示した通り、教師の「身の回りで磁石を使った物にどんな物がありますか」(T1) という発問によって、子どもは、筆箱や鞄などの身近な物に磁石が使われていることに気付いた。また、教室のホワイトボードに磁石がつくことにも気付いている。このように子どもの生活経験を呼び起こす導入時の発問は、身の回りの磁石による現象に目を向けさせるねらいがあった。その後の指導で、表 5.6.3c と表 5.6.3d、表 5.6.3e の発話に示した通り、「おろし金」「ホワイトボード」「鉄棒」など、身の回りにある具体物を媒介として話し合い活動が展開されていることから、教師の指導によって、子どもの生活的概念を呼び起こす効果が高められた。

また、第 2 時で磁石につく物とつかない物とを分類する活動をさせた後、教師は学んだことを活用させることを意図して、表 5.6.3d に示した通り、「ホワイトボードに磁石がつくのはなぜでしょう」(T6) という適度な困難さ

第5章 「科学的探究」学習による科学的概念の構築を図るための理科授業デザイン

のある発問と、適切なタイミングを見計らってホワイトボードという教材を
提示した。このことによって、子どもの考えは揺さぶられ、図5.6.3bに示
したC15のノートの記録に見られる通り、ホワイトボードの中にあるのは
磁石なのか、鉄なのか、アルミニウムなのかについて自分の考えと友達の考
えを比較しながら追究していった。このように、「体験的な学び」のステー
ジにおいて、適度な困難さを持った発問を行い、子どもにとって操作しやす
い教材をタイミングよく提示することが、教師と子どもとの垂直的相互作用
を生み出したと言える。

　第8時では科学読み物として絵本を提示し、クリップを磁化させる活動を
させている。しかし、表5.6.3fに「あれ、つかない」（C18）という発話を示
した通り、はじめは多くの子どもが磁化に失敗していた。このような子ども
たちに対して、教師は「やり方が書いてあるからよく読んだほうがいいと思
うよ。場所もよく見て。磁石の力の一番強いところはどこかな」（T17）と言
葉がけを行っている。この言葉がけによって、C19は絵本を読み返し、棒磁
石の端にこすりつけている絵に気がつき、こする場所を変え、「先生、くっ
ついた」（C19）と成功の喜びを語っている。また、C20は、クリップを前後
にこすりつけていたが、「押したり引いたりしたらだめって書いてあるよ」
（T18）という教師の言葉がけによって絵本を読み返し、こすり方を変え、
「あ、できた！」（C21）と喜びの声を上げている。

　その後教師は、絵本を音読させ、子どもたちに、磁化させた針を水に浮
かべてコンパスを作る実験を行うよう指示し、20分後、すべての子どもが、
磁化させたクリップで方位磁石を作り終えた。

　このことから、科学読み物に目を向けさせようとする教師の言葉がけが子
どもの学ぼうとする意識に大きな作用を及ぼしていると言える。すなわち、
教師の言葉がけによって自分の誤りに気付いた子どもの内面で、科学読み物
を読みたいという欲求が起こり、磁石とクリップの関係に着目しながら詳細
に読もうとする主体的な活動を通して、子どもが意欲的に科学的探究場面を
作り出していると捉えることができるのである。

　さらに、第8時の「科学的概念との結びつけ」のステージでは、科学的概
念について考える教材として絵本を導入している。このことによって、表

175

5.6.3g の発話プロトコルに示した通り、子どもは、「鉄に似ている 100 円玉や 500 円玉は、別の種類なんですか」(C26) という新たな疑問を出した。そして、子どもにとって身近な硬貨を教材として、磁石につくかどうか確かめる実験を通して、教師は「そうですね。お金は金属だけど、お金には鉄が入ってません。1 円玉はアルミ、5 円玉は銅と亜鉛、10 円玉はほとんど銅、100 円玉は銅とニッケルでできています」(T29) とまとめを行っている。この事例から、言葉や教材を媒介とした子ども同士の水平的相互作用とともに、教師と子どもとの垂直的相互作用の双方が促進され、「磁石につく物は金属の中でも鉄である」という科学的概念をより意識させることができたと言える。

7.3 学習効果の判断

本章第 6 節 6.2.4「分析の目的と方法」で述べたように、本章で示したカリキュラムデザインにおける子どもの科学的概念については、垂直的相互作用によって獲得した科学的概念を含む科学的用語と、水平的相互作用の存在の裏づけとなる友達の考えの両方を使用して自分の考えを構成したときに、概念構築が確認できたと判断した。

図 5.6.3b から、C15 に関わって、垂直的相互作用では「鉄」という科学的用語を、水平的相互作用では、「S と N があるからつかないときもある」という記述を根拠とし、C15 は自らの「ホワイトボードの中は、鉄だと思う」という考えを導出している。図 5.6.3b にあるように、C15 は、はじめはホワイトボードのプラスチックの下には磁石があると思っていたが、最後には、磁石でもアルミニウムでもなく、磁石につく鉄があると考えたことから、本研究のカリキュラムデザインの視点が C15 の概念の再構築に寄与したと判断した。

また、図 5.6.3c から、C19 に関わって、垂直的相互作用では「金ぞくのしゅるい」という科学的用語を、水平的相互作用では、「お金は金ぞくのしゅるいなのにじ石につかないことがふしぎです」という記述を根拠とし、本研究のカリキュラムデザインの視点が、C19 の「金属でも磁石につかない

第5章 「科学的探究」学習による科学的概念の構築を図るための理科授業デザイン

物がある」という科学的概念の構築に向けて寄与しうる可能性があると判断した。

表5.6.4a、表5.6.4bの通り、第9時以前の1回目の調査時は、「金属は磁石につく」「地球磁石の北はN極」という誤った考えを持った子どもが大多数であった。しかし、2回目の調査では大幅に改善し、概念の変容に有意差が認められた。

このことから、体験的な学びによって活発化した生活的概念と科学的概念の相互作用は、科学読み物の導入により、一層高次なレベルにまで活発化し、科学的概念の構築が促進されることが示唆された。

これは、表5.6.3gに示した通り、「科学的概念との結びつけ」ステージの第9時において、多くの子どもが硬貨は磁石につかないことを再認識したことで、「お金にはいろいろな種類がある」という生活的概念と、「お金は磁石につかない」という新しい生活的概念による相互作用が起こり、金属は総称であり、金属は鉄やアルミニウムや銅などの種類に分けられるという包含関係について実感を伴った理解が図られ、「金属には磁石につく物とつかない物とがある。」という科学概念の構築に向けた意識化が図られたことが示唆される。

第8節　まとめ

本研究では、子どもの科学的リテラシー育成に寄与する「科学的探究」学習の理科授業デザインの解明を進めた。理論の構築では、主にヴィゴツキーのZPD理論と、米国のFOSSによる水平的カリキュラム設計を基盤とし、ZPDにおける「科学的探究」の教授・学習モデルと教師の役割（図5.4.4）を可視化し、その有用性と子どもの科学的概念の構成について授業実践によって検証することを試みた。その結果、次のような知見が得られた。

・本研究で構築した教授・学習モデル（図5.4.4）に基づく理科授業において、子ども同士による水平的相互作用と、教師と子どもの垂直的相互作用の存在が認められ、それらの作用が、子どもの科学的概念の構築を促

進していくことが示唆された。

　今後は、今回構築した教授・学習モデルを他の単元にも適用して調査・研究を行い、その有用性をさらに検討するとともに、理科教育における子どもの科学的探究の実像を解明することが課題である。

註

1　FOSS の学習モジュールの検討では、FOSS のホームページ（http://www.fossweb.com/）で紹介されているビデオの映像資料を参考にした。2016 年 8 月 22 日現在、このホームページサイトの閲覧は会員限定となり一般に公開されていない。

2　エンゲストロームが提唱する ZPD の理論は、①疑問、②歴史的分析・実際の経験の分析、③新しい解決策をモデル化する、④新しいモデルを検証する、⑤新しいモデルを実行する、⑥プロセスを反省する、⑦新しい実践を統合・強化するという 7 つのプロセスが、抽象から具体に向かって高まっていく環状の構造として表されている。

3　絵本は次の 7 つのテーマで構成されている。
　①いろいろな形の磁石、②磁石につく物とつかない物、③針の磁化、④方位磁石を作る、⑤磁石の極、⑥地球は磁石、N 極と S 極の関係、⑦地球が磁石になっているわけ。なお、1 円玉、5 円玉、10 円玉が磁石につかないことは、この絵本に書かれているが、その他の硬貨についての記述はない。

第6章

科学的概念の構築を図る理科授業への提言

第1節　問題の所在

　序章で述べた通り、諸外国に比べ、我が国の子どもが理科を学ぶ意義や重要性を感じていない割合が高いことが科学的リテラシー育成の妨げとなっている。しかし、現代の高度に発達した科学技術社会において、個人が意思決定を行う上で理科的な知識は極めて重要である。また、科学技術革新のスピードは増し、私たちは、一度獲得した理科的な知識を常に新しい知識へと移行させるために、変化への適応力が必要となっている。さらに、科学技術の発展は世界規模であり、多種多様な文化や人々との相互依存関係は増大の一途にある。

　このように理科学習が重要であることは明らかであるにもかかわらず、我が国の子どもが理科を学ぶ意義や重要性を感じていない割合が高いのは、理科授業が未だに知識偏重主義から完全に脱却できていないからだと考えられる。また、理科授業において感動を共有したり、将来の自分の生き方を考える視点を与えたりする機会が少ないことも、一つの要因になっていると考えられる。したがって、理科授業において感動を語り合うようなコミュニケーションの機会を増やしたり、学習したことが実社会でどのように役立つか考えるサイエンス・コミュニケーション[註1]の視点を取り入れたりすることが、子どもの理科への印象を変える効果があると言える。このことに関わって小倉（2007b）も、サイエンス・コミュニケーション支援型の理科教育の改善・充実が、子どもたちの理科学習への価値意識を向上させる効果があると述べている。

　理科と実社会とを結ぶサイエンス・コミュニケーションに関わって、小倉（2012, p.10）は、「多種多様な領域で常に発展を続ける科学や科学技術を理解し、実生活や実社会の様々な事象や問題を科学的に理解することは、たとえ科学者であっても専門以外の領域では困難な要求である。したがって、学校は、必要に応じて、学校外に理科の教育資源を求める必要がある」と指摘している。このような考え方を背景として、近年、学校が地域の博物館や科学館等を利用したり、それらの施設の専門家を出前授業の講師として招いたり

第6章　科学的概念の構築を図る理科授業への提言

する機会は増え、専門家の知識を学校の理科授業に組み込むための仕組み作りやカリキュラム開発からの視点に基づいたサイエンス・コミュニケーションの研究が盛んになりつつある。

これらの研究の中で吉岡（2007, p.392）は、「サイエンス・コミュニケーションを一種の学びの拡張として捉え、学校と学校外のサイエンス・コミュニティとの連携について、人々の学習観の革新と学習環境のデザインを目指した研究、すなわち、学習論の視点からの研究は少ない」と指摘し、正統的周辺参加論[註2]の視点から、「教師は、生徒と共に様々な学校外のサイエンスのコミュニティとリンクしつつ、同時に、学校内に文化的で、総合的な実践としてのサイエンスのコミュニティをつくること、さらに、それらを相互的に再構築していく必要がある」と述べている。

教師がサイエンスのコミュニティを意識しながらサイエンス・コミュニケーションを取り入れた理科授業を行うことは、日常生活と乖離しがちな理科の学習を子どもの視点で捉え直し、子どもにとって身近に感じられる領域と理科の学習とを連結させる効果が期待できる。また、教師自身が新たな知識を得たり感動したりすることによって、子どもと共に学ぶ意識を共有化することができるようになることから、より活発な双方向コミュニケーションが生じ、理科授業の改善・充実が図れると期待できる。

そこで、本研究では、「科学的探究」学習を通して、自ら科学的概念を獲得しようとする子どもの育成に寄与するコミュニケーションを重視した理科授業の在り方について、サイエンス・コミュニケーションの視点から検討する。

第2節　研究の目的

本章の研究では、第5章までの研究を社会に還元する一手段として、市民の科学的リテラシー向上につながる理科教育の充実という視座から教育の場を学校だけに限定せず広く社会に求め、学校と社会を接続し、双方向性のあるコミュニケーションを活発化させることによって子どもの科学的概念の構

築を促進させる、「科学的探究」学習の授業デザインの在り方を提起する。

　そのため、第一に、「科学的探究」学習に関わる理論について構成主義学習論の視点から整理する。第二に、コミュニケーションに関わる理論と、英国を起源とするサイエンス・コミュニケーションの系譜を整理し、サイエンス・コミュニケーションの重要性と課題を明らかにする。第三に、サイエンス・コミュニケーションを学校における理科授業デザインに取り入れる意義について、「科学的探究」学習の視点から検討し、理科授業の在り方を提起する。

第3節　研究の内容

3.1　「科学的探究」学習と構成主義

3.1.1　科学的概念の構築と「科学的探究」学習

　理科教育の目的の1つに、子どもの科学的リテラシー育成を図るために子どもの科学的概念を構築させることが挙げられる。子どもの科学的概念の構築のために、理科教育を系統的に行うべきであるのか、あるいは探究的に行うべきであるかについて、我が国においては繰り返し議論され、『学習指導要領』の視点は変遷をたどった（白數・小川, 2009）。〈系統的な学習〉は、人類が長い年月をかけて蓄積した知の体系を順序立てて子どもたちに伝承しようとする考えに基づいた学習であり、基礎的・基本的な知識・技能を重視している。一方、〈探究的な学習〉は、子どもの自主的な参加を前提とした学習であり、子どもが自らの知識体系に学んだことを関連づける過程を重視している。平成20年1月の「中央教育審議会の答申」の改善の基本方針では、理科について、科学的な概念の理解など基礎的・基本的な知識・技能の確実な定着を図ることの重要性と、科学的な思考力・表現力の育成を図る観点から探究的な学習活動を充実させる必要性が指摘された。これが平成20年の「学習指導要領」の改訂に反映されたことを踏まえると、文部科学省は、〈系統的な学習〉と〈探究的な学習〉の両面からの科学的概念の形成を図ろうと

していると考えることができる。

このように、理科授業において、〈系統的な学習〉と〈探究的な学習〉のいずれかに傾倒せず、両者を関係づけ・融合させる教授・学習法が模索されるようになった背景には、1980年ごろから米国において活発化した、「人間の知識は全て構成されるものである」という構成主義的な考え方の教育への援用によって、「教師中心」から「児童中心」への教育、「教え」から「学び」への教育の転換が方向づけられてきた経緯がある（佐藤学, 1996）。

しかし、我が国において「探究」や「探究的な学習」には様々な解釈が存在し、はっきり定義づけられているとは言い難い。そこで、本書では、米国のInquiryを「科学的探究」と解釈し、国民の科学的リテラシー向上を目的として、1996年に刊行された『全米科学教育スタンダード：NSES』（NRC, 1996）に依拠し、「〈科学的探究〉とは、科学者が自然界を研究し、それらの研究で得た証拠に基づいた推論の正しさを提案する過程で用いられる種々の方法のこと」と定義する。

3.1.2　構成主義学習論と「科学的探究」学習モデル

構成主義学習論の視点から、理科授業における「科学的探究」学習のモデルを検討した白數・小川（2013c）は、科学的概念が構成される過程には、「自由な探索」「体験的な学び」「科学的概念との結びつけ」の3つのステージがあると仮定し、個人の水平思考を軸とした子ども同士の水平的相互作用の中で、水平方向と垂直方向に輪を広げながら進行する自然認識の拡張モデルを、「科学的概念」の構築と関係づけて論究した。この理論によれば、子どもは、「自由な探索」のステージで自分が何を知っていて何を知らないかを明らかにし、「体験的な学び」のステージで疑問を解決するために実験や観察を行い、「科学的概念との結びつけ」のステージは、これまでの学習を振り返りながら学習した科学的知識を活用して新たな課題に取り組んだり、学んだことを他の人に伝えたりする。このような「科学的探究」の進行とともに子どもの自然認識が広がり、生活的概念と科学的概念は結びつけられ、随意性を持った科学的概念が構築されると言える。白數・小川（2013c）は、第5章第4節4.4で図5.4.4に示した通り、「科学的探究」の教授・学習モ

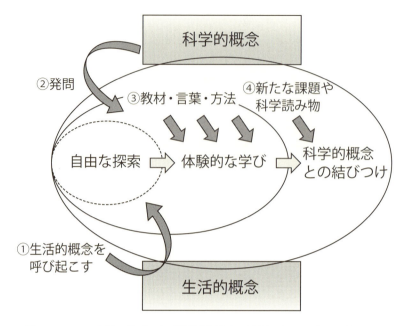

図5.4.4 ZPD理論に基づいた「科学的探究」の教授・学習モデルと教師の役割
（白數・小川, 2013c, 再掲）

デルと教師の役割を提起し、有用な教師の手立てとして、次の4点を示した。

・子どもの生活的概念を呼び起こすように働きかける（図5.4.4①）。
・多くの子どもがまだ身につけていない科学的概念の側から、適度の困難さをもって発問を行う（図5.4.4②）。
・子どもの実態を注意深く観察し、子どもが操作しやすい教材や、子どもの認知レベルにあった言葉、疑問を明らかにするのにふさわしい実験や観察の方法をタイミングよく提示することで、子ども同士の学び合いを促進させるように配慮する（図5.4.4③）。
・学んだことを活用することのできる新たな課題を設定したり、体験的な学びと科学的概念とをつなぐのにふさわしい科学読み物を提示したりする（図5.4.4④）。

図5.4.4は、子どもと子ども、子どもと教師の相互作用の場において、発

第 6 章　科学的概念の構築を図る理科授業への提言

問や教材によって刺激を受けた子どもが、生活的概念と科学的概念の結びつけを行う過程で与えられた情報に基づいた推論を行い、精緻化が図られ、自ら再構成を行った科学的知識が記憶として残ることで科学的概念が構築されることを示唆している。

3.2　キー・コンピテンシーにおける「共感」の位置づけ

　本研究では ZPD 理論に関わって、理科授業における子どもと子ども、子どもと教師の相互作用によって科学的概念が構築されることを述べてきた。理科授業は、子どもの科学的リテラシーの育成を目指して進行するが、『全米科学教育スタンダード』で述べられているように、科学的リテラシーに位置づけられているのは科学的概念の構築だけではない。すなわち、理科を学ぶ意義を理解させることも同様に重要である。したがって、理科授業においては、子どもが理科を学ぶ意義や必要性を実感するように計画することが望ましい。

　子どもの学ぶ意義に関わって、近年、「キー・コンピテンシー」や「持続可能な開発のための教育（Education for Sustainable Development: ESD）」の視点を教師が持つことが重要であると言われている。OECD の PISA 調査の概念枠組みの基本となったキー・コンピテンシーは、社会の中で個人が生きる意味を実感し、社会にとっても個人にとっても価値のある人生を送る上で重要である能力についてまとめたものである。また、ESD は、個人は集団の利益や未来の人々の幸福を視野に入れて生きていく必要性を示唆している。これらの理念に共通しているのは、知識を身につけることに学習の主眼を置くのではなく、知識を個人および社会にどのように役立てていくか思考し、判断し、表現していく能力を高めることを重視している点にある。

　キー・コンピテンシーのカテゴリーは、表 6.3.2 に示した通りである。

　表 6.3.2 のうち、本章では特に、下線で示した「多様な社会グループにおける人間関係形成能力」の「他人と円滑に人間関係を構築する能力」に着目する。この項目では、特に「共感する力」が重視されている。「共感する力」では、相手の考え方を聞き取って理解する力、相手の考え方と自分の考え方

185

表6.3.2 キー・コンピテンシーのカテゴリー (OECD, 2005より抜粋)

相互関係性のレベル	具体的な能力
社会・文化的、技術的ツールを相互作用的に活用する能力 （個人と社会との相互関係）	言語、シンボル、テクストを活用する能力
	知識や情報を活用する能力
	テクノロジーを活用する能力
多様な社会グループにおける人間関係形成能力 （自己と他者との相互関係）	他人と円滑に人間関係を構築する能力
	協調する能力
	利害の対立を御し、解決する能力
自律的に行動する能力 （個人の自律性と主体性）	大局的に行動する能力
	人生設計や個人の計画を作り実行する能力
	権利、利害、責任、限界、ニーズを表明する能力

の相違を把握する力、相手の考えを知った上で自分の考えをどのように伝えるか考える力、自分の考えを伝える力など、複合的な能力が求められる。しかし、相手の立場に立って理解しようとする姿勢や、意識の共有化を図っていこうとする心情がなければ「共感」は成立しない。このような「共感する力」の育成には、国語的な能力の育成もさることながら、他者との建設的で豊かな人間関係の形成といった成功体験が重要である。このような成功体験の積み重ねが新たな関係性の構築の準備へとつながると考えられる。

　したがって、キー・コンピテンシーの人間関係形成能力の考え方を理科授業に援用すると、子どもと子ども、子どもと教師が、様々な考えを提示し、互いに理解し合いながら新しい科学的概念の形成の過程を共有することは、「共感」というゴールを目指すことであると言える。私たちは社会の一員として自分の存在意義を見いだそうと模索しながら生活しているが、この「共感」は、個人が社会の中で生きていく上で、生きる価値を見いだす契機となり得る。「共感」の機会を理科授業の中で増やすことが可能となるならば、子どもは理科を学ぶ意義や重要性を、実感を伴って理解するようになると期待できる。

3.3　コミュニケーションの理論と科学的概念構築

　子どもと子ども、子どもと教師の相互作用においてコミュニケーションは

必要不可欠である。そこで、コミュニケーションに関する理論について整理
しておく。

　一般的に、送り手と受け手によって情報を伝えたり伝えられたりする一連
の過程をコミュニケーションと言う。池田・村田（1991）は、コミュニケー
ションには、次の３つの共通点があると指摘している。

・情報の送り手と受け手が、それぞれ目標を持っている。
・予期およびフィードバックによる制御が有用であり、またその制御を効
　率化するためにスキーマや個別的な知識が応用される。
・情報の送り手と受け手を結ぶ、インターフェイス（接面）が存在する。

このようなコミュニケーションの考え方を、「科学的探究」学習の場面に
援用するならば、学習は科学的概念を子どもの内面に構築させたいと考える
教師の目標と、新しいことを知りたいと思う子どもの目標に支えられながら
進行すると捉えることができる。そして、子どもの科学的概念の構築は、予
想や検証といった「科学的探究」学習の過程で、既習の学習内容の駆使や話
し合い活動などによって子どもが獲得した知識やスキーマを基盤としなが
ら、フィードバックや制御による知識の精緻化によって図られると捉えるこ
とができる。なお、このような過程において、教師は、教材として事物・現
象を提示したり、教科書や映像による資料を提示したりするなど、様々なイ
ンターフェイス（接面）を活用することとなる。

　インターフェイス（接面）の構成要素として、池田・村田（1991）は、次
の３つを挙げ、メッセージの送り手と受け手に関わるコミュニケーションを
図6.3.3のように図式化している。

・インターフェイスの間を移動するメッセージの存在。
・送り手と受け手の双方のルール系[註3]の存在。
・メッセージの移動を確保する「乗り物」であるメディアの存在。

このようなコミュニケーションの基本図式の考え方を、「科学的探究」学
習の場面に援用するならば、教師と子どもには双方に伝えたいメッセージが
あり、そのメッセージは、言葉や文字や映像などの様々なメディアによって
運ばれると捉えることができる。また、教師も子どももそれぞれ異なるルー
ル系を前提として有しており、メッセージの情報化（受け取り）と記号化（表

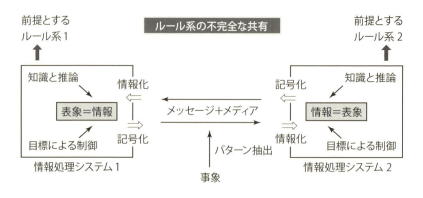

図6.3.3　コミュニケーションの基本図式（池田・村田, 1991）

現）が等価になるとは限らず、時間をかけてお互いのメッセージを知識と推論を駆使して取り込み、科学的概念の構築という結実を目指すこととなる。情報は受け取っただけでは活用できないことから、情報に意味を付加したり別の表象へと変換させたりすることによって、記憶可能、利用可能な状態に情報処理がなされなければならない。このことは、知識の注入だけでは科学的概念の構築は図れないという構成主義の主張に合致する。すなわち、図5.4.4に示したように〈体験的な学び〉と〈科学的概念との結びつけ〉の過程で、活発に展開するコミュニケーションの場において生活的概念と科学的概念との相互作用が起こり、情報に意味が付加したり、別の表象へと変化したりすると考えられる。このような「科学的探究」学習の結果、子どもの生活的概念は、利用可能な随意性を持った科学的概念として醸成すると考えることができる。

　池田・村田（1991）は、コミュニケーションは、「通じる」ことを必ずしも保証しないことを指摘している。このことに関わって、小川哲男（2012）は、子どもの自然認識の伸長を図る手立てとして、「個々の子どもの異なった自然認識に関わる情報を出し合い、彼ら相互に解釈できる場を積極的に提供できる場が必要となる」と述べている。この考え方を科学的概念の構築を図る場面に援用するならば、子どもが描く生活的概念と教師が描く科学的概念の差異を、ルール系の不完全な共有を前提としてお互いに認識し、解釈で

きる場の設定が重要であると言える。換言するならば、お互いが何を知っていて何を知らないか、何を何のために知りたいか、あるいは何を何のために伝えたいかを理解することが重要だと考えられる。さらに、相手に「分かってもらいたい」、相手の考えを「知りたい」という目標が生じたならば、それが契機となり、メッセージの情報化・記号化の往復が活発化すると考えられる。すなわち、教師を単なる知識の伝達者と位置づけないで、案内役（Facilitator）であると位置づけたコミュニティにおいて、子どもと教師相互がお互いのルール系の差異を認識し、その差異を新たな知識と推論に基づいた解釈によって乗り越えようとするときに、子どもと教師の相互作用は科学的概念構築の方向へと強く向かうようになることが示唆される。

3.4 サイエンス・コミュニケーションの系譜と問題点

　科学をコミュニケーションによって市民に伝える活動は、一般にサイエンス・コミュニケーションと呼ばれ、その興りは1820年代に英国の王立研究所が市民向けの啓蒙活動として行った講演活動であると考えられている。本研究では、理科教育を学校だけにとどめず広く実社会とつなぐことが、子どもの科学的概念の構築に有意味であるという観点から、サイエンス・コミュニケーションの系譜を整理し、内在する問題点を明らかにする。

　1900年代になると科学技術は大きく進歩するが、科学技術の高度化によって科学者の科学と市民の生活との隔たりが顕著となり市民の科学に対する関心は徐々に薄れ、1970年代になると原子力発電や動物実験などの科学開発に絡む諸問題に対して市民から反対の声が挙がるようになるなど、市民の科学に対する懐疑心は徐々に大きくなる経緯があった（野原・ノートン, 2009）。このような科学に対する懐疑心は経済成長のブレーキになりかねないと懸念され、1985年に英国に組織された特別委員会は、報告書 *The Public Understanding of Science*（Royal Society of London, 1985）で、科学技術に対する人々の理解が不十分であることを示し、啓蒙活動の重要性を訴えた（野原・ノートン, 2009）。この報告書は、報告書をまとめた議長の名前をから「ボドマーレポート」とも呼ばれている。この報告を受けて、英国政府も科学・

工学・技術の卓越性を保持し続けることによって、英国の競争力と生活の質を向上させることができると考え、本格的に科学の公衆理解増進への取り組みとして、学校や博物館で科学技術を紹介するイベントを開催することを奨励したり、サイエンス・コミュニケーションを推進する団体に資金援助を行ったりするなどの政策を展開した（水沢, 2008）。「ボドマーレポート」について、藤垣（2008）は、市民の科学的知識を増やすことで不合理な恐れを取り除き、科学への態度をポジティブにすることによって、公衆への理解増進を進めようという考え方が根底にあると指摘している。しかし、このような立場に立ったサイエンス・コミュニケーションの推進では、市民の科学技術に対する不信感をぬぐうことはできず、次々と起こる科学が関与した諸問題によって市民の科学に対する不安と反感は解決されることはなかったと野原らは指摘している（野原・ノートン, 2009）。1990年代後半に起こった牛海綿状脳症（BSE）をめぐる事件などによって、それまでのサイエンス・コミュニケーションは「欠如モデル」[註4]と考えられるようになり、今日では、専門家と市民による対話を重視した双方向性のサイエンス・コミュニケーションの実現が重要だと考えられている（水沢, 2008）。

　これまで述べてきたサイエンス・コミュニケーションの系譜を踏まえ、本章では「欠如モデル」における問題点を明らかにすることが、理科授業デザインを検討する上で有用であると考え、コミュニケーションの観点から文献研究を行った結果、専門家の市民の意識に対する誤った理解に関わって、主に次の3点の指摘の存在が明らかとなった。

　第一に、正確な科学的知識の量と科学技術に対する肯定的な態度の間には正の相関関係が見られるが、倫理問題をはらむ分野については、逆に負の相関関係が見られる（Evans & Durant, 1995）。すなわち、科学の知識が増えることによって、科学者の期待に反して、倫理上の観点から科学技術に対して否定的な意見が増える場合があると考えられる。

　第二に、人は興味のあることについては、砂が水を吸収するごとく知識を獲得するが、興味のないことについては、外部から強制的に知識を与えられても、その大部分ははじき返される（廣野, 2008）。すなわち、現代の価値観が多様化した社会ではルール系の差異は大きく、伝えたい情報を受け取って

もらうためには、受け手にとって関心がある文脈を探り関係づけるという努力を重ねることによって、相手にとって意味ある形で情報を伝えることができると考えられる。

　第三に、新しい科学には「不確実性」[註5] が多く、社会にとっての正しさは、科学だけでなく、社会の道徳的・倫理的枠組みの中で捉えられる（野原・ノートン, 2009）。すなわち、科学は真実を示しているのではなく可能性を示しているのであって、科学的知識は静的なものではなく動的な性質を帯びていることを我々は認識して、情報の受け手に情報を示すべきであると考えられる。

　以上のような「欠如モデル」に対する批判的視点を踏まえるならば、サイエンス・コミュニケーションは、科学と科学技術の肯定や、科学技術と科学者に対する信頼の回復のみに目的を限定して用いられるべきではないと言える。換言すれば、科学を伝える者は、相手にとって意味ある文脈に沿って情報を送るとともに、相手の解釈を尊重し、科学の不確実性を意識しながら科学と科学技術を他の分野と関連づけて議論を発展させ、それらとどう向き合っていくかといった指針を確立させるためにサイエンス・コミュニケーションを活用すべきであると言える。

　この視点をサイエンス・コミュニケーション支援型の理科授業（小倉, 2007b）に援用するならば、大人は子どもにとって興味・関心の高い事物・現象に関連づけて科学を伝えるとともに、子どもの考え方に耳を傾け、その多様性を尊重し、協同的に自然認識を広げながら科学的概念の構築を目指すべきであると考えられる。このような考え方を基盤とした教授・学習方法の実現によって、子どもたちが理科を学ぶ意義や重要性を感じられるようになることが期待できる。また、知識注入的な教授・学習方法において教師は、高い専門性を身につけることに傾注しがちであったが、専門的知識を学校外に求めることによって、子どもの内包として存在する科学的概念とそれを適用できる外延としての科学的概念との関係づけに意識を向けることができるようになるので、子どもの視点に立った言葉がけが容易となり、子どもの科学的概念の構築がより一層促されることが期待できる。しかし、教師が科学的知識を子どもに伝達することばかりに意識を向けたならば、「欠如モデル」

と同様の課題が理科授業にも起こり、子どもの理科に対する価値意識の向上が図れなくなることが懸念される。

3.5 サイエンス・コミュニケーションを取り入れた理科授業改善

　「欠如モデル」の欠点について本章第6節3.4で示したことから言えるように、学習者が自らの意思で外界にはたらきかけ、自らの文脈で新しい知識を獲得していくことは、知識の不断な再構成の観点から、極めて重要であると言える。したがって、理科授業では、自らの意思で対象に関わろうとする心情の観点から、学習者に合わせたコミュニケーションの場の設定が必要である。このことに関わって、ストックルマイヤーら（2003）も、サイエンス・コミュニケーションで重要なのは「作り上げること」であって、事実を「語ること」ではないと述べている。

　サイエンス・コミュニケーションの考え方を理科授業に取り入れることは、次の2点において、理科授業改善に役立つと考えられる。

　第一に、構成主義学習論は、学校における理科授業を知識注入的な学習から、子どもの論理による知識体系の構築とそれらの再構成を促す学習へと変容させる可能性があることが世界的に注目されている。しかしながら、日本の学校現場においては構成主義に対する理解が十分であるとは言えない。知識注入的な学習と「欠如モデル」は、知識の豊富な者が、知識の乏しい者に一方的に情報を与えようとする考え方に基づいている点で共通している。したがって、構成主義の理論を基盤としたサイエンス・コミュニケーションを理科授業に導入することにより、双方向のコミュニケーションが活性化し、理科授業の改善につながると期待できる。

　第二に、「問題の所在」で述べたように、諸外国に比べ我が国では、理科を学ぶ意義や重要性を感じていない生徒の割合が極めて高いという課題を指摘した。そこで、子どもが専門家との対話の機会を通して理科と実社会との接続を意識することは、子どもが自ら学ぶ意味を実感しながら有意味学習を進める契機となり得ると考えられる。

　これらのことから、科学的な知識の豊富な専門家とともに、子どもと双方

第6章 科学的概念の構築を図る理科授業への提言

向の対話を行う場の設定を重視することが、理科授業の改善につながることが示唆される。

第4節　コミュニケーションを重視した理科授業の事例──鳥の巣を教材として

　第3章の事例研究で述べたように、鳥の巣研究家で絵本作家の鈴木まもる氏を招いて、小学校第1学年の子どもたちを対象に、鳥の巣を見せていただきながら話をうかがった。その際、巣の材料に羊の毛を使ったツリスガラの巣を図6.4aに示した通り、鈴木まもる氏が子どもたちの間を回り、全員に巣をさわらせた。何人もの子どもが、感想文に「ふわふわだった」と書き、鳥の巣とは思えない柔らさに驚きを感じていた。1年生の担任だった筆者も、そのような鳥の巣があることは、その場で初めて知り、実物を見て感激し、あらためて鳥の賢さと器用さに驚いた。このような、初めての驚きを共有する学習では、鈴木まもる氏と教師および子ども全体に一体感が生まれた。

　その後、子どもたちは、鈴木まもる氏が話してくれた「鳥の巣はお母さんのおなか」という言葉をよく覚えていたが、私自身、羊の毛でできたツリスガラの巣をさわった感触と「鳥の巣はお母さんのおなか」という言葉がエピソード記憶として強く関係づけられるのを感じた。すなわち、子どもの意識

図6.4a　鈴木まもる氏が羊の毛でできた鳥の巣を子どもにさわらせているところ

図6.4b　鈴木まもる氏と筆者と羊の毛でできた鳥の巣

193

に、鳥の巣は鳥の子どもにとっても優しいという意識の共有化が図られたと考えられる。また、本研究の第3章6.4で紹介したように、保護者が寄せてくれた感想文に、次のような記述があった。

・幼少の成長時期に巣のことを考えるのはとても大事なことと思います。いろいろな苦労があり育ててもらえている、その事を感じた様で嬉しかったです。

この記述から、子どもが学んだことを保護者にどのように語ったか推察することができる。すなわち、子どもは鳥のお母さんが子どもを一生懸命育てていることと、自分も親に一生懸命育ててもらっていることを重ね合わせて学習が進んだと考えることができる。

この事例から、鳥の巣に関わる新しい科学的概念の形成の過程を共有することで「共感」が広がる様子が確認できた。そして、この「共感」は、親が子を育てるという生きる価値に直結する感動を伴うことから、理科を学ぶ意義や重要性をより強固に実感させる可能性があると考えられる。

以上のことから、「科学的探究」学習では、図5.4.4に示した通り、最終局面において生活的概念と科学的概念との有機的な結合によって、子どもの科学的概念の構築に向けた意識化が促進すると考えられる。この過程を概念構築における外延と捉えるならば、専門的な見地に基づいた双方向コミュニケーションの推進によって、学んだことが私たちにとってどのように役立つのか明確になる可能性と、私たちの生きる価値を見いだす契機となり得る可能性が示唆された。このように、科学的概念の構築において、実感や感動を伴った理解や、「共感」に支えられた理解をすることにより、生活的概念と科学的概念は真の意味で一体となり、理科への興味・関心を高め、市民の科学的リテラシーの向上という結実に向かう準備が整うようになることが示唆される。

第6章　科学的概念の構築を図る理科授業への提言

第5節　まとめ

　本章の研究では、市民の科学的リテラシー向上につながる理科教育の充実
という視座から、教育の場を学校だけに限定せず広く社会に求め、学校と社
会を接続し、双方向性のあるコミュニケーションを活発化させることによっ
て子どもの科学的概念の構築を促進させる、「科学的探究」学習の授業デザ
インの在り方を構成主義学習論に依拠して検討した。その結果、以下のこと
が明らかとなった。

・本章で提起する理科授業では、教師と専門家は子どもの素朴概念を理解
　する努力を行い、それぞれのルール系の差異を認識しながら伝える内容
　を子どもの文脈に沿って関連づけ、子どもが普段使っている言葉を用い
　ながら双方向コミュニケーションを図る必要がある。
・本章で提起する理科授業によって、知識注入的な理科授業を、子どもの
　論理による知識体系の再構成を促す理科授業へと変容させるだけでな
　く、子どもが実社会との接続を意識しながら学ぶ有意味学習への契機と
　なり得る。
・本章で提起する理科授業の在り方においては、専門的な見地に基づいた
　双方向コミュニケーションの推進によって、学んだことが私たちにとっ
　てどのように役立つのか明確になる可能性と、私たちの生きる価値を見
　いだす契機となり得る可能性が示唆された。

　本章で提起した新しい理科授業が有効に機能したならば、学校で学ぶ理科
と学校外のサイエンスのコミュニティが接続し、学校内にも専門家を加えた
多元論的なサイエンスのコミュニティの萌芽が生じることが期待できる。し
かし、サイエンス・コミュニケーションと小学校の理科授業を関係づける研
究の成果は稀少である。

　今後は、サイエンス・コミュニケーションを小学校の理科授業に取り入
れ、子どもの理科に対する価値意識の向上につながる理科授業改革の在り方
を検討することが課題である。

195

註

1 サイエンス・コミュニケーションについては多くの定義がある。先駆的にサイエンス・コミュニケーション研究を行っているストックルマイヤーら（2003, 序文）は、サイエンス・コミュニケーションについて「科学というものの文化や知識が、より大きいコミュニティの文化の中に吸収されていく過程」と定義している。また、渡辺（2012）は、サイエンス・コミュニケーションを、サイエンスの活用の仕方を広く議論し合うことに寄与するコミュニケーションとして位置づけ、よりよい社会を実現するための活動理念であり、学校だけではなくあらゆる人々の参加が期待できると述べている。これらの考え方と、コミュニケーションに関わるこれまで検討した理論を統合し、教育にも適用できる汎用性の高い理論構築の観点から、本研究ではサイエンス・コミュニケーションを次のように定義する。すなわち、「サイエンス・コミュニケーションとは、よりよい社会を実現するために、科学と科学技術に関わる文化や知識が個々人から社会に浸透することによって、社会全体の科学的リテラシーと、科学を注視しようとする人々の意識の向上を目指す複合的なコミュニケーションの過程である」。

2 正統的周辺参加論は、レイヴとウェンガー（1993）が提起した考え方であり、学習を学校教育だけにとどめず、学習者自身の営みであり社会的実践の一部であると捉える。また、学習はアイデンティティの形成過程であるという点において構成主義学習論と立場を一にしている。

3 ルール系とは、話し手がメッセージに意味を託して伝え、聞き手は「託された」はずの情報を当のメッセージから復元する一連の手続きを行う手続き規則のことである（池田・村田, 1991, p.190 参照）。

4 「欠如モデル」とは、人々は科学的知識が欠如しているために非合理的な恐れを抱くので、科学者は市民に理解増進を図るべきであるという考え方に基づいた、知識伝達に主眼を置いたサイエンス・コミュニケーションモデルのことである。

5 「不確実性」とは、高度に発展し変化のスピードが増した科学技術社会において、複数の要因があるために原因と結果が単純に結びつかず、不確定要素があり結論を確実に導き出せない状態にあることを表す。牛海綿状脳症（BSE）問題の他、環境問題、気象現象、地震、人間などの領域で多く見られる。

終 章

研究の成果と課題

第1節　研究の成果のまとめ

　現代の高度に発達した科学技術社会において、氾濫する情報に翻弄されることなく知識を基盤とした意思決定をしていくために、市民の科学的リテラシーの重要性は増大の一途にある。しかし、諸外国に比べ我が国では理科を学ぶ意義や重要性を感じていない生徒の割合が極めて高い。したがって、子どもが科学の意義や重要性を実感し、学習意欲を持ち続けながら学べる授業デザインを構築することが、我が国の市民の科学的リテラシーの向上にとって重要になっているのである。そこで、本研究では、我が国の市民の科学的リテラシー育成の視座から、小学校における「科学的探究」学習によって科学的概念の構築を図る方策について検討を行った。研究の基盤としては主に、構成主義学習論と、米国の理科教育の指針であった『全米科学教育スタンダード』と米国の教育プログラム "FOSS" を参考にした。科学的探究に関わる研究は数多く存在するが、小学校第1学年からの理科教育を研究の対象とした先行研究は近年稀少である。また、構成主義学習論と科学的探究を関連づける先行研究は散見されるが、これらに米国の具体的な教育プログラムのカリキュラムデザインの考え方を加味し、構成主義学習論に依拠した「科学的探究」学習のモデルの構築を図り、事例的研究によって授業デザインの有用性を検証した研究は例がない。したがって、本研究によって小学校の生活科および理科教育に「科学的探究」を組み込む指針を示すことによって授業改善が図れたならば、我が国の市民の科学的リテラシーの向上への提起になると考え、研究を進めた。

　第1章「市民の科学的リテラシー向上につながる『科学的探究』学習の在り方の検討」では、市民の科学的リテラシーの向上が十分図れていない原因の1つに、子どものときに解決しておかなければならない発達課題が未発達なまま年齢的に成長してしまう可能性があると考え、市民の科学的リテラシーの重要性と我が国の理科教育の課題を整理し、理科教育における「科学的探究」学習の有用性について検討した。その結果、子どもの発達課題とし

終章　研究の成果と課題

ては、主に、自然体験と生活体験の不足、現象を科学的に説明する能力の不足、理科に対する関心の低さが挙げられることが分かった。この子どもの発達課題の打開に向けて、我が国の理科教育において探究的な学習活動を充実させたり実社会・実生活との関連を重視した教育を施したりすべきところ、我が国の子どもたちには探究心や自信、学ぶ楽しさ、学ぶという行為に対する目的意識の欠如があり、受動的な学習中心になりがちであることや、子どもにとって関わりが深いとは言えない学習内容の提示によって、学習に対する意欲の継続が困難となり、「科学的探究」学習の推進の障害となっている可能性が示唆された。そこで、これらの課題の打開策を検討するために、まず、先行研究の整理を行い、研究の方向性を定めることとした。

　第2章「構成主義学習論の視点に立った『科学的探究』学習構築の意義の検討」では、「探究」に焦点化し、構成主義学習論の視座から、我が国と米国の「探究」「科学的探究」に関わる学習理論の変遷を整理し、その教育理念を探った。その結果、我が国の「問題解決」と「探究」および、米国の「探究」には差異が認められたものの、これらの教育理念は時代とともに変容しているので、構成主義学習論の視座からこれらを融合させ、目指すべき「探究」を基盤とした小学校の理科教育をデザインしていくことが極めて重要であることが明らかとなった。

　第3章「『科学的探究』学習による生活科授業デザイン──鳥の巣を教材として」では、子どもの自然認識の発達の視座から、生活科における「科学的探究」学習の有用性について検討を行うため、デューイ、ピアジェ、ヴィゴツキーの理論、自然認識の3段階説、活動理論に共通する理論を見いだし、融合させ、新たな価値を付加することによって、理科教育における自然認識の拡張モデルを構築した。また、『全米科学教育スタンダード』「協同学習」「素朴生物学」の理論を融合させ、生活科の授業デザインの構築を図り、その有用性を事例的研究によって検証した。その結果、子どもの自然認識は、垂直的相互作用と水平的相互作用という2つの作用の相乗効果によって発達することが明らかとなり、教授・学習においてもこの両作用を意識す

ることが重要であることが示唆された。また、「鳥の巣」を教材とした生活科の「科学的探究」学習によって、自然体験を豊かにし、気付きの質を高めるなど、子どもの自然認識の発達に向けた意識化が図られることが示唆された。

　第4章「『科学的探究』学習による理科授業デザイン——FOSS の学習プログラムを手がかりとして」では、米国の「科学的探究（Scientific Inquiry）」の視座から、『全米科学教育スタンダード』（1996 年版）に準拠した米国の理科教育プログラムである FOSS の学習プログラムに焦点を絞って理論的検討と事例的研究を行い、授業デザインの構築を図り、子どもの科学的概念構築の道筋を事例的研究によって検討した。その結果、FOSS の「空気」に関わる学習プログラムには、〈自由な探索〉による気付き、〈直接体験〉による実感を伴った理解、〈データ収集→結果の整理→結論の導出〉による実証的な証拠に基づいた理解、〈概念を強化するための補足の経験〉による科学的概念の理解の強化という 4 つの段階から成る学習サイクルが存在することが明らかとなった。また、〈空気の存在〉〈空気の抵抗〉〈空気の圧力〉に関わる科学的概念が、〈風は空気の動き〉であるという、子どもの科学的概念の構築に向けた意識化を促進することが明らかとなった。これらのことから、「科学的探究」を基盤とした「空気」と「風」の学習をつなぐ授業デザインによって、小学校低・中学年の子どもの「風」に関わる科学的概念の構築に向けた意識化が図られることが示唆された。

　第5章「『科学的探究』学習による科学的概念の構築を図るための理科授業デザイン——第 3 学年『じ石』を事例として」では、第 3 章の、小学校第 1 学年を対象とした自然認識の発達に関わる授業デザインと、第 4 章の小学校第 2 学年を対象とした科学的概念構築の道筋の研究成果を踏まえ、小学校第 3 学年を対象に新たな教授・学習モデルを構築した。このモデルの構築では、主にヴィゴツキーの ZPD 理論と、米国の FOSS による水平的カリキュラム設計の考えを取り入れ新たな価値を付加し、ZPD の場における「科学的探究」の教授・学習モデルと教師の役割を可視化した。そして、事例的

終章 研究の成果と課題

研究によって、モデルの有用性を検証した。その結果、「自由な探索」のステージで子どもの自由試行を保証することにより生活的概念が呼び起こされ、その後の科学的概念の発達の素地が育まれる可能性が高まることが示唆された。また、「体験的な学び」のステージで、教師が適度な困難さを持った発問を行い、子どもにとって操作しやすい教材をタイミングよく提示することによって、子ども相互の水平的相互作用と、教師と子どもとの垂直的相互作用が生み出され、これを契機に科学的概念が構築されていくことが示唆された。さらに、「結びつけ」のステージでは、教師の言葉がけによって自分の誤りに気付いた子どもの内面で科学読み物を読みたいという欲求が起こった場面において、目的意識を持って科学読み物を詳細に読もうとする子どもの主体的な活動を通して、子どもの素朴概念は修正され新たな科学的概念として再構成される契機となり得ることが示唆された。すなわち、体験的な学びによって活発化した生活的概念と科学的概念の相互作用は、科学読み物の導入により、一層高次なレベルにまで活発化し、科学的概念の構築が促進されることが示唆された。このように、第5章で提起したカリキュラムデザインの視点によって、言葉や教材を媒介とした子ども同士の水平的相互作用と、教師と子どもとの垂直的相互作用の双方が促進されることが示唆され、子どもの科学的概念の構築に向けた意識化の道筋が明らかとなり、提起した教授・学習モデルの有用性を示すことができた。

　第6章「科学的概念の構築を図る理科授業への提言」では、第5章までの研究を社会に還元する一手段として、市民の科学的リテラシー向上につながる理科教育の充実という視座から教育の場を学校だけに限定せず広く社会に求めた。すなわち、学校と社会を接続し、双方向性のあるコミュニケーションを活発化させることによって子どもの科学的概念の構築を促進させる、「科学的探究」学習の在り方を提起したのである。その結果、本研究で提起するサイエンス・コミュニケーションの視点を取り入れた授業デザインでは、教師と専門家は子どもの素朴概念を理解する努力を行い、それぞれのルール系の差異を認識しながら伝える内容を子どもの文脈に沿って関連づけ、子どもが普段使っている言葉を用いながら双方向コミュニケーションを

図る必要があることが明らかとなった。また、このような理科授業によって、知識注入的な理科授業を子どもの論理による知識体系の再構成を促す理科授業へと変容させる可能性が示唆された。また、子どもが実社会との接続を意識するだけでなく、他の子どもや教師と「共感」しながら学習することによって、生きる価値を考える有意味学習への契機となり得る可能性が示唆された。

　本研究全体を俯瞰すると、市民の科学リテラシーの向上においても、理科教育においても、構成主義学習論の理解が重要であるという帰結を導くことができたと言えよう。しかし、それと同時に構成主義学習論の浸透にあたっては課題が山積しているという事実も明らかとなった。課題のうち解決が最も困難だと思われるのは、社会全般に、知識注入型の伝統的な教育の姿が根強く存在するという実状である。このような実状の打開のためには、本研究が提起する構成主義学習論に依拠した「科学的探究」の教授・学習モデルを運用することや、生きる価値を見いだしていくような双方向性のコミュニケーションを意識した授業デザインを運用することが有効である。そのためには、教える者自身の構成主義学習論に対する理解の増進が必要不可欠である。

　構成主義学習論に基づいた事例的研究の成果や指針を示した専門書は多数あるので、教師がこのような書籍を気軽に手に取って日々参考にしながら授業実践をし、子どもの認知的発達を見取る目を養っていけるような環境の整備が必要である。そして、構成主義学習論に基づいた授業デザインを自ら構築することが可能な教師が増えることによって、理科教育の充実と連動して市民の科学的リテラシーの向上も達成されると考えられる。

　本研究は、市民の科学的リテラシー向上につながる小学校理科教育の在り方についての指針を示していると言えよう。

終 章　研究の成果と課題

本研究の基盤となった研究論文
白數哲久・小川哲男（2009）「科学的リテラシーを育成する探究的な学習のあり方――『全米科学教育スタンダード』の『Inquiry』を手がかりに」 　　　　　　　　　　　　　　『学苑』第824号, 昭和女子大学近代文化研究所, pp.15-30.
白數・小川（2013）「生活的概念と科学的概念の相互作用を通して育つ自然認識の拡張」 　　　　　　　　　　　　　『昭和女子大学大学院生活機構研究科紀要』Vol.22, pp.47-59.
白數・小川（2013）「『科学的探究』を重視した生活科の授業デザインの構築――鳥の巣を教材として」 　　　　　　　　　　　　　　　　　　　　　　　『野外文化教育』第11号, pp.56-69.
白數・小川（2013）「『科学的探究』を基盤とした『空気』と『風』の学習をつなぐ授業デザインに関する研究――FOSS の学習プログラムを手がかりとして」 　　　　　　　　　　　　　　　　　『日本教科教育学会誌』36巻4号, pp.47-57.
白數・小川（2013）「『科学的探究』学習による科学的概念構築を図るための理科授業デザイン――第3学年『じ石』を事例として」 　　　　　　　　　　　　『日本理科教育学会理科教育学研究』Vol.54, No.1, pp.37-49.
白數・小川（2014）「『科学的探究』学習による科学的概念の構築を図るサイエンス・コミュニケーションとしての理科授業デザイン」 　　　　　　　　　　　　　『昭和女子大学大学院生活機構研究科紀要』Vol.23, pp.39-51.

第2節　研究内容の妥当性

　本研究は、対外的に発表した6つの研究論文（上の表を参照）に加筆修正を加え、再構成したものである。6つの研究論文のうち5つについては査読論文であり、内容の妥当性について審査を終えている。

　本研究は、すべての研究場面において、市民の科学リテラシーの向上に帰結する「科学的探究」の在り方を検討したものであり、その理論は一貫して構成主義学習論に依拠している。また、より新しく世界的な視野を持つ研究の成果を本研究に反映すべく、新しい文献や国外の文献も数多く参考にし引用した。さらに、理論をもとに授業デザインを図った後に、事例的研究によって科学的に検証する手法を用い、構築した理論の確かさを検証することに努めた。

第3節　残された課題

　本研究で解決できず、残された課題は主に次の3点である。

　1つ目は、「科学」や「探究」を苦手だと思う教師に対する支援の在り方の検討である。「科学」や「探究」を教えることに不安を感じている教師は多く、そのような教師が、子どもの疑問を学習課題に抜擢したり、子ども自身に課題解決させるような授業デザインを設計したりすることは困難である。したがって、誰でも「科学」を「探究」的に学んだり教えたりできるような、授業デザインや適した教材・教具が必要であり、それらを運用するための研修会が活発に開かれなければならない。しかし、教師によって学習内容への理解の度合いや指導技術の熟達度には違いがあり、授業において子どもへのアプローチの仕方にも様々な違いが認められる。したがって、すべての教師にとって汎用性の高い授業デザインや教材・教具を準備するためには、米国カリフォルニア大学バークレー校で開発された学習プログラムFOSSで行われているように、認知科学者・教育者・教材メーカーなどによるカリキュラム開発のプロジェクトを機能させる必要があるが、我が国にはそのようなプロジェクトはなく、教師を支援する仕組みの検討が待たれている。

　2つ目は、理科教育を推進する教師の多忙さの現状の分析と解決策の検討である。OECD（経済協力開発機構）による中学校を対象とした国際教員指導環境調査（TALIS）（http://www.nier.go.jp/kenkyukikaku/talis/imgs/talis2013_summary.pdf, 2016年9月30日アクセス）によれば、日本の教師の勤務時間は週約54時間と参加国中最長で、特に部活動などの指導や事務作業など授業以外の仕事に追われていることが示されている。また、校外で行われる研修に参加したいという意識は高いものの、参加国平均が約5割なのに対して、我が国では8割以上の教師が研修の日程が自分の仕事のスケジュールと合わずに参加に障害があると回答していることから、教師の多忙さが研修への参加の障害となっている事実が明らかとなった。この結果は、中学校の結果であり小学校にはそのまま当てはまるわけではない。しかし、教科指導以外に

かかる事務作業は中学校と同様に多く、教師に多忙感があることは事実である。このままでは、教師が教育書を読む機会を十分取ることは困難であり、構成主義学習論に対する認知度の低い状況が続くことが懸念される。また、教材研究に充てる時間の確保が困難で、教材の準備が十分にできないという声も多く聞かれる。したがって、教師の多忙さを軽減させる施策が必要であるが、その方向性は未だ定まっていない。一方、日本に在住する英国国籍保持者を対象とした小・中学校ブリティッシュスクールイン東京では、理科教育をサポートするコーディネーターが常駐し、英国のナショナルカリキュラムに準拠した学習プログラムの教材の整備を行っていた。我が国においても、科学技術振興機構によって平成19年～24年度の間、理科支援員配置事業が展開されたが、平成24年度調査によれば、その活動内容は、主に「観察・実験等の準備・後片付け」、「理科の授業（観察・実験）の支援」、「理科（準備）室等の環境整備」となっていて、「理科授業の進め方の提案」や、「教材開発の支援」、「実験観察などの計画立案の支援への協力」はあまり活発に行われていなかった（http://www.jst.go.jp/cpse/scot/achieve/enq_pdf/24nendo_jigyoreport01.pdf，2016年9月30日アクセス）。

　したがって、今後は各自治体等で理科支援に代わる人材を充当し、サイエンス・コミュニケーターとしてのスキルを身につけるための研修の機会を設け、学外の科学館や研究者、企業などと連携を図ることが可能なコミュニティの形成を目指して活動の場を広げていくように促していく必要がある。

　3つ目は、学校におけるサイエンス・コミュニケーションを取り入れた事例的研究の推進である。2013年に東京都大田区清水窪小学校が、文部科学省教育課程特例校おおたサイエンススクールとして、我が国で初めて「サイエンスコミュニケーション科」を設置し研究を行っている。しかし、サイエンス・コミュニケーションを学校教育に導入しようとする研究の成果が示されることは稀である。したがって、サイエンス・コミュニケーションを取り入れた授業の検討に関わる議論が活発になされる社会を目指さなければならない。

引用・参考文献

A

秋田喜代美（2007）「第1部 総論 第1章 教育・学習研究における質的研究」秋田喜代
美・藤江康彦・能智正博『はじめての質的研究法 教育・学習編』東京図書，p.9.

American Association for the Advancement of Science [AAAS]: Project 2061 (1989) *Science for All Americans*, Oxford University Press. ［訳，文部科学省（2005）『すべてのアメリカ人のための科学——Project 2061』］（http://www.project2061.org/publications/sfaa/SFAA_Japanese.pdf，2016年9月30日アクセス）

安藤秀俊（1994）「中学校における探究活動の在り方と課題解決学習について」『理科の教育』Vol.43（7），pp.24-27.

B

ベネッセコーポレーション教育研究開発センター（2010）「第5回学習指導基本調査（小学校・中学校版）」pp.100-110.（http://berd.benesse.jp/shotouchutou/research/detail1.php?id=3243，2016年9月30日アクセス）

ブランリー，F・M著，ケリー，トゥルー絵（2009）かなもり じゅんじろう訳『じしゃくのふしぎ』福音館書店.

Bruner, J. S. (1961) *The Process of Education*, Harvard College. ［訳，鈴木祥蔵・佐藤三郎（1963）『教育の過程』岩波書店］

Bybee, Rodger. W. (2010) "What is STEM Education?," *Science*, Vol.329, AAAS, p.996.

C

ケアリー，スーザン（1994）『子どもは小さな科学者か——J. ピアジェ理論の再考』小島康次・小林好和訳，ミネルヴァ書房.

中央教育審議会（2006）「初等中等教育分科会 教育課程部会審議経過報告」.（http://www.mext.go.jp/b_menu/shingi/chukyo/chukyo0/toushin/1212706.htm，2016年9月30日アクセス）

中央教育審議会答申（2008）「幼稚園、小学校、中学校、高等学校及び特別支援学校の学習指導要領等の改善について」2008年1月17日，p.55.（http://www.mext.go.jp/b_menu/shingi/toushin.htm，2016年9月30日アクセス）

引用・参考文献

D

デ・ボノ，エドワード（1969）『水平思考の世界』白井寛訳，講談社，pp.12-13.

Dewey, J. (1902) *The Child and the Curriculum*, The University of Chicago.［訳，市村尚久（1998）『学校と社会・子どもとカリキュラム』講談社学術文庫］

Dewey, J. (1938a) *Logic, The Theory of Inquiry*, Henry Holt and Company, p.8.［訳，柳久雄（1958）「プラグマティズムの論理と教育――デューイの探究理論を中心に」『研究紀要』Ⅰ，プール学院短期大学，p.24］

Dewey, J. (1938b) *Experience and Education*, The Macmillan Company.［訳，市村尚久（2004）『経験と教育』講談社］

Dewey, J. (1938c) *Logic, The Theory of Inquiry*, Henry Holt and Company, p.121.［訳，龍崎忠（2002）「デューイにおける『経験の再構築と教育』再考（Ⅲ）探究の構造と展開」『名古屋産業大学論集』第2号，p.104］

E

エンゲストローム，ユーリア（1999）『拡張による学習――活動理論からのアプローチ』山住勝広ほか訳，新曜社.

Engeström, Y. (2001) "Expansive Learning at Work: Toward an Activity Theoretical Reconceptualization," *Journal of Education and Work*, 14(1), pp.133-156.

Evans, G. and Durant, J. (1995) "The Relationship between Knowledge and Attitudes in the Public Understanding of Science in Britain," *Public Understanding of Science*, Vol.4, No.1, pp.57-74.

F

藤垣裕子（2008）「受け取ることのモデル」藤垣裕子・廣野喜幸編『科学コミュニケーション論』東京大学出版会，pp.109-124.

船元重春（1980）「自然認識の深まる過程」『初等理科教育』(1)，pp.6-9.

古屋啓太（2001）「社会的構成主義におけるヴィゴツキーとデューイ――『活動』概念の導入は何をもたらすか」『首都大学東京　人文学報・教育学』Vol.36, pp.63-81.（http://ci.nii.ac.jp/naid/110004997660/, 2016年9月30日アクセス）

G

Gagné, R. M. (1963) "The Learning Requirement for Enquiry," *Journal of Reserch in Science Teaching*, Vol.1, pp.145-146.［訳，小川正賢（1992）『理科教育学講座　第5巻　理科の学習論（下）』東洋館出版社，p.45］

ゴア，アルバート（2007）『不都合な真実』枝廣淳子訳，ランダムハウス講談社.

五島政一（2008）「PISA調査と教育課程実施状況調査との違いについて」『理科の教育』Vol.57 (6)，pp.15-18.

五島政一（2012）「第4章 教授学習論から見た理科の学力保障　第6節 自然体験」日本
　　理科教育学会編著『今こそ理科の学力を問う　新しい学力を育成する視点』東洋館出
　　版社，pp.156-161.

H

日置光久（2008）「新しい理科、改善の方向とその特徴」『理科の教育』Vol.57（5），pp.4-7.

日置光久・村山哲哉（2007）「新理科教育講座　第19回　学習指導要領の変遷（上）──
　　小学校理科教育の歩み」『理科の教育』Vol.56（1），pp.44-47.

樋口俊久・木村捨雄（1996）「創造性伸長の視点にたつ生活科の授業設計と評価に関する
　　研究──第2学年生活科単元『風と遊ぼう』の開発・実践を通して」『日本科学教育
　　学会研究会研究報告』Vol.10（3），pp.63-68.

平川秀幸（2010）『科学は誰のものか　社会の側から問い直す』日本放送出版協会.

廣野喜幸（2008）「伝えることのモデル」藤垣裕子・廣野喜幸編『科学コミュニケーショ
　　ン論』東京大学出版会，pp.125-141.

広瀬正美（1992）「第2章 科学概念の構造と理科教育」日本理科教育学会編『理科教育学
　　講座2　発達と科学概念形成』東洋館出版社，pp.153-159.

人見久城（1997）「アメリカのプロジェクト2061におけるカリキュラム構成の考え方」
　　『理科の教育』Vol.46（3），pp.8-11.

人見久城（2005）「アメリカの科学教育における探究活動の強調──初等科学教育プログ
　　ラムFOSSを事例に」『化学と教育』Vol.53（10），pp.536-539.

堀哲夫（1992）「第2章 構成主義学習論」日本理科教育学会編『理科教育学講座　第5巻
　　理科の学習論（下）』東洋館出版社，pp.105-156.

堀哲夫（1998）「子どもの素朴概念」日本理科教育学会編『キーワードから探るこれから
　　の理科教育』東洋館出版社，pp.206-211.

堀田のぞみ（2011）「調査資料2010-4 科学技術に関する調査プロジェクト　調査報告書科
　　学技術政策の国際的な動向［資料編］」平成23年3月18日発行国立国会図書館調査及
　　び立法考査局，p.122.

ホワイト，R. T.（1990）『子どもは理科をいかに学習し，教師はいかに教えるか──認知
　　論的アプローチによる授業論』堀哲夫・森本信也訳，東洋館出版社，p.41.

I

Iba, Takashi, Ichikawa, Chikara, Sakamoto, Mami and Yamazaki,Tomohito (2011) "Pedagogical
　　Patterns for Creative Learning," *Pattern Languages of Programming*.（http://web.sfc.keio.
　　ac.jp/~iba/papers/PLoP2011-PedagogicalPatterns_FinalDraft.pdf，2016年9月30日アクセ
　　ス）

市川力（2009）『探究する力』知の探究社.

井口尚之編（1991）『新理科教育用語辞典　増補版』初教出版.

池田謙一・村田光二（1991）『こころと社会──認知社会心理学への招待』東京大学出版会，pp.171-201.

池田幸夫（2004）「文化としての科学史とその理科教育への応用」『理科の教育』Vol.53（11），pp.4-7.

稲垣佳世子（2006a）「第2章　子どもが世界を理解する仕方」稲垣佳世子・鈴木宏昭・大浦容子『認知過程研究』財団法人放送大学教育振興会，pp.19-30.

稲垣佳世子（2006b）「第3章　概念変化──知識の大幅な組み替え」稲垣佳世子・鈴木宏昭・大浦容子『認知過程研究』財団法人放送大学教育振興会，pp.32-44.

稲垣佳世子・波多野誼余夫（2005）『子どもの概念発達と変化──素朴生物学をめぐって』共立出版，pp.69-78.

石井英真（2011）『現代アメリカにおける学力形成論の展開──スタンダードに基づくカリキュラム設計』東信堂，pp.98-101.

礒田正美（2007）「理数科教育協力にかかる事業経験体系化──その理念とアプローチ」独立行政法人国際協力機構．（http://jica-ri.jica.go.jp/IFIC_and_JBICI-Studies/jica-ri/publication/archives/jica/field/200703_edu.html，2016年9月30日アクセス）

磯崎哲夫（2009）「世界の理科カリキュラムと授業──外国から何を学ぶのか」『理科の教育』Vol.58（2），pp.4-7.

K

梶田叡一（2008）「日本の学校教育の当面する課題」日本教育新聞社関西支社『新学習指導要領とこれからの学校──習得・活用・探求型学力と言語力の育成』日本教育新聞社，pp.71-86.

閣議決定（2006）「第3期科学技術基本計画（平成18～22年度）」．（http://www8.cao.go.jp/cstp/kihonkeikaku/honbun.pdf，2016年9月30日アクセス）

カミイ，コンスタンス ＆ デブリーズ，リタ（1980）『ピアジェ理論と幼児教育』波多野誼余夫序・稲垣佳世子訳，チャイルド本社.

神里達博（2009）『科学・技術の現場と社会をつなぐ科学技術コミュニケーション入門』培風館，pp.106-107.

川上昭吾（2007）「理科学習論の充実・発展」『理科の教育』Vol.56（4），pp.4-7.

清原洋一（2010）「第1章　現代日本における理科教育改革の特色　第3節　新学習指導要領・理科に見られる特色」橋本健夫・鶴岡義彦・川上昭吾編著『現代理科教育改革の特色とその具現化』東洋館出版社，pp.35-37.

小林辰至（2006）「第2部　理科の学習　第6章　探究活動の仕組み方」理科教育研究会『未来を展望する理科教育』東洋館出版社，pp.87-100.

小林辰至（2009）「第2部　今時の子どもの実体と子どもの学び　第9章　探究活動の仕組

み方」理科教育研究会『新学習指導要領に応える』東洋館出版社，pp.123-134.

小林辰至（2012）「第4章 教授学習論から見た理科の学力保障 第6節 自然体験」日本理科教育学会編著『今こそ理科の学力を問う──新しい学力を育成する視点』東洋館出版社，pp.150-155.

小西一也（2001）「戦後学習指導要領の変遷と経験主義教育」『サイエンスネット』第11号，数研出版，pp.12-15.

子安潤（2010）「序章 1時間に追われる学校 活用と習得に揺れる教師」Benesse教育研究開発センター第5回学習指導基本調査報告書（小学校・中学校版）pp.20-23.

草深美奈子（2008）「第9章 伝える側の評価──科学技術ジャーナリズムを題材として」藤垣裕子・廣野喜幸編『科学技術コミュニケーション論』東京大学出版会，p.163.

L

Lawrence Hall of Science (1996) *FOSS Newsletter*, No.7(Spring), University of California at Berkeley.

Lawrence Hall of Science (2005) *FOSS Science Stories: Magnetism and Electricity*, University of California at Berkeley, Delta Education.

Lawrence Hall of Science (2008) *Teacher Guide Air and Weather*, University of California at Berkeley, Delta Education.

レイヴ，J & ウェンガー，E（1993）『状況に埋め込まれた学習──正統的周辺参加』佐伯胖訳，産業図書.

Lowery, Lawrence, F. (1997) *NSTA Pathways to the Science Standards*, National Science Teachers Association, p.7.

M

松原静郎・堀米宏（1998）「問題解決学習」日本理科教育学会編『キーワードから探るこれからの理科教育』東洋館出版社，pp.188-193.

松本謙一（2011）「『理科』と総合的な学習の時間をどう関連させるか──両者の比較と効果的な連携について」『理科の教育』Vol.60（1），pp.9-12.

三宅征夫（2008）「科学的リテラシーについて」『理科の教育』Vol.57（6），pp.8-10.

水沢光（2008）「英国における科学コミュニケーションの歴史」藤垣裕子・廣野喜幸編『科学コミュニケーション論』東京大学出版会，pp.3-20.

文部科学省（2008a）『小学校学習指導要領解説 理科編』.

文部科学省（2008b）『小学校学習指導要領解説 生活編』.

文部科学省（2011）『科学技術白書（平成23年版）』.

文部科学省（2012）『科学技術白書（平成24年版）』.

文部省（1952）『小学校学習指導要領 理科編』.

引用・参考文献

文部省（1958）『小学校学習指導要領　理科編』.

文部省（1969）『中学校学習指導要領　理科編』.

森一夫（1992）「第1章 発達と自然認識」日本理科教育学会編『理科教育学講座 第2巻 発達と科学概念形成』東洋館出版社.

森本信也（1998）「構成主義的理科学習論の教授論的展開に関する考察」『横浜国立大学教育人間科学部紀要Ⅰ　教育科学　第5集』pp.45-66.

森本信也・中田朝夫（1998）「構成主義」日本理科教育学会編『キーワードから探るこれからの理科教育』東洋館出版社，pp.176-181.

森本信也（1999）『子どもの学びにそくした理科授業のデザイン』東洋館出版社，pp.15-17.

N

長洲南海男（1998）「STS教育」日本理科教育学会編『キーワードから探るこれからの理科教育』東洋館出版社，pp.96-101.

長洲南海男（2001）「解説 全米科学教育スタンダード成立の背景と米国科学教育界における位置づけ」長洲南海男監修『全米科学教育スタンダード──アメリカ科学教育の未来を展望する』梓出版社，pp.246-257.

中村恵子（2001）「教育における構成主義」『新潟大学大学院現代社会文化研究科現代社会文化研究』No.21（8），pp.283-297.

中山迅（2011）「第1部第2章 理科学習における問いの設定」猿田祐嗣・中山迅『思考と表現を一体化させる理科授業』東洋館出版社，pp.16-28.

National Research Council [NRC] (1996) *The National Science Education Standards*, National Academy Press.［訳，長洲南海男ら（2001）『全米科学教育スタンダード──アメリカ科学教育の未来を展望する』梓出版社］

National Research Council (2000) *Inquiry and the National Science Education Standards: A Guide for Teaching and Learning*, National Academy Press.

National Research Council (2012) *A Framework for K: 12 Science Education Practices, Crosscutting Concept, and Core Ideas*, National Academies Press.

NGSS Lead States (2013) *Next Generation Science Standards For States*, *By States*, National Academy Press.

野原佳代子・ノートン，マイケル（2009）「『サイエンスコミュニケーション』の発生と発展」梶雅範・西條美紀・野原佳代子編『科学技術コミュニケーション入門』培風館，pp.111-126.

野添生・磯﨑哲夫（2014）「小学校・中学校の理科教育学習指導要領における成立背景に関する研究──昭和40年代の『問題解決』と『探究』を中心にして」『日本教科教育学会誌』Vol.37（1），pp.95-108.

貫井正納・平野一彦（1998）「探究能力」日本理科教育学会編『キーワードから探るこれ

からの理科教育』東洋館出版社，pp.70-75.

O

OECD (2005) *The Definition and Selection of Key Competencies: Executive Summary*, OECD. ［訳，文部科学省 http://www.mext.go.jp/b_menu/shingi/chukyo/chukyo3/016/siryo/06092005/002/001.htm，2016 年 9 月 30 日アクセス］

小川正賢（1992）「第 1 章　探究学習論」日本理科教育学会編『理科教育学講座　第 5 巻理科の学習論（下）』東洋館出版社，pp.3-104.

小川哲男（2007）「子どもの自然認識の萌芽の構造と構成に関する研究――『生活概念』と『科学的概念』の双方向性の視点から」『学苑』No.800，昭和女子大学近代文化研究所，pp.16-24.

小川哲男（2008）『自然大好きな子どもを育てる新しい生活科スタートブック』大日本図書，pp.38-42.

小川哲男（2012）「授業における子どものコミュニケーションによる自然認識の協同的な構成的発達――コミュニケーションを保証する場の条件と授業展開のモデル」『学苑』No.860，昭和女子大学近代文化研究所，pp.2-15.

小倉康（2001）「科学教育課程の改革、開発、実施に関する調査研究――米国、英国、シンガポールでの事例研究」平成 10〜12 年度科学研究費補助金（課題番号 10041044）「米国における科学教育課程の改革、開発、実施について」研究報告書.

小倉康（2006）「科学的探究能力の育成を軸としたカリキュラムにおける評価法の開発」平成 18 年度科学研究費補助金特定領域研究（課題番号 17011073）「科学的探究能力の育成を軸としたカリキュラムにおける評価法の開発」研究報告書.

小倉康（2007a）「技法Ⅲ　科学的探究能力育成スキル 1　科学的探究能力をどうやって育むか」千葉和義・仲矢史雄・真島秀行編著『サイエンスコミュニケーション――科学を伝える 5 つの技法』東洋館出版社，pp.121-123.

小倉康（2007b）「科学コミュニケーション支援型学習と子どもたちの理科学習への価値意識との相関」『科学教育研究』Vol.31（4），pp.340-353.

小倉康（2008a）「『科学的リテラシー』って何？――PISA の国際学力調査を読み解く（上）」『Science Window』第 1 巻第 12 号（3 月号），pp.20-21.

小倉康（2008b）「科学的リテラシーをどう向上させるか――PISA の国際学力調査を読み解く（下）」『Science Window』第 2 巻第 1 号（4 月号），pp.18-19.

小倉康（2012）「理科と実社会とを結ぶ科学コミュニケーション」『理科の教育』Vol.61（10），pp.9-12.

奥村清（1998）「科学の方法」日本理科教育学会編『キーワードから探るこれからの理科教育』東洋館出版社，p.58.

大黒孝文（2012）「第 6 章　教授学習論から見た理科の学力保障　第 8 節　協同学習・協調

引用・参考文献

学習」日本理科教育学会編著『今こそ理科の学力を問う――新しい学力を育成する視点』東洋館出版社，pp.162-167.

大髙泉（1992）「第3章 問題解決学習論 第1節 問題解決学習論の成立と展開2 我が国における問題解決学習論の成立・展開・継承」日本理科教育学会編『理科教育学講座 第4巻 理科の学習論（上）』東洋館出版社，pp.223-238.

P

ピアジェ，ジャン（1970）『構造主義』滝沢武久・佐々木明訳，白水社，pp.68-69.

ピアジェ，ジャン（1972）『発生的認識論』滝沢武久訳，白水社，p.19.

R

理科の授業づくり入門編集委員会編（2008）『理科の授業づくり入門――玉田泰太郎の研究・実践の成果に学ぶ』日本標準，pp.7-67.

Royal Society of London (1985) *The Public Understanding of Science*, London.

龍崎忠（2002）「デューイにおける『経験の再構築と教育』再考（Ⅲ）探究の構造と展開」『名古屋産業大学論集』2，pp.102-114.

S

猿田祐嗣（2008）「PISA調査とTIMSS調査との違いについて」『理科の教育』Vol.57（6），pp.11-14.

佐藤公治（1999）『対話の中の学びと成長』金子書房.

佐藤学（1996）「第5章 現代学習論批判――構成主義とその後」堀尾輝久ほか編『講座学校 第5巻 学校の学び・人間の学び』柏書房，pp.153-188.

佐藤祐介（2007）「出前授業」北海道大学科学技術コミュニケーター養成ユニット編著『はじめよう！科学技術コミュニケーション』ナカニシヤ出版，pp.162-176.

関田一彦・安永悟（2005）「協同学習の定義と関連用語の整理」日本協同教育学会『協同と教育』第1号，pp.10-17.

柴田義松（2006）『ヴィゴツキー入門』子どもの未来社.

進藤公夫（1992）「第3章 科学概念の形成 第1節 概念とは何か 4 コンセプションとしての概念」日本理科教育学会編『理科教育学講座 第2巻 発達と科学概念形成』東洋館出版社，p.222.

白數哲久・小川哲男（2009）「科学的リテラシーを育成する探究的な学習のあり方――『全米科学教育スタンダード』の『Inquiry』を手がかりに」『学苑』No.824，昭和女子大学近代文化研究所，pp.15-30.

白數哲久・小川哲男（2013a）「生活的概念と科学的概念の相互作用を通して育つ自然認識の拡張」『昭和女子大学大学院生活機構研究科紀要』Vol.22，pp.47-59.

白數哲久・小川哲男（2013b）「『科学的探究』を基盤とした『空気』と『風』の学習をつなぐ授業デザインに関する研究——FOSS の学習プログラムを手がかりとして」『日本教科教育学会誌』36 巻 4 号，pp.47-57.

白數哲久・小川哲男（2013c）「『科学的探究』学習による科学的概念の構築を図るための理科授業デザイン——第 3 学年『じ石』を事例として」『理科教育学研究』Vol.54（1），日本理科教育学会，pp.37-49.

杉山滋郎（2007）「第 1 章 なぜ今科学コミュニケーションか」北海道大学科学技術コミュニケーター養成ユニット（CoSTEP）編著『はじめよう！科学技術コミュニケーション』ナカニシヤ出版，pp.1-13.

ストックルマイヤー，スーザンほか編著（2003）『サイエンス・コミュニケーション——科学を伝える人の理論と実践』佐々木勝浩ほか訳，丸善プラネット．

鈴木まもる（1999）『鳥の巣の本』岩崎書店．

鈴木まもる（2009）『ツバメのたび——5000 キロのかなたから』偕成社．

T

武村重和（1992）「第 3 章 教育課程編成の視点と方法」日本理科教育学会編『理科教育学講座 第 1 巻 理科の目標と教育課程』東洋館出版社，p.227.

武村重和（1997）「アメリカの理科教育国家基準 National Science Education Standards は日本の理科教育の危機に，どう生かせるか」『理科の教育』Vol.46（3），pp.4-7.

丹沢哲郎（2002）「世界の理科と比べてみると？——アメリカの理科教育の変遷から学びとれること」理科教育研究会『変わる理科教育の基礎と展望』東洋館出版社，pp.45-46.

遠西昭寿（1998）「自然認識研究の現状と課題」『理科の教育』Vol.47（11），pp.4-7.

U

上田薫（1993）『上田薫著作集 9 系統主義とのたたかい』黎明書房，p.259.

V

Выготский, Л. С. (1926) *Педагогическая психология*. ［ヴィゴツキー，L・S（2005）『ヴィゴツキー教育 心理学講義』柴田義松・宮坂琇子訳，新読書社］

Выготский, Л. С. (1935) *Умственное развитие ребенка в процессе обучения*, Госдарственное учено-педагогическое издательство. ［ヴィゴツキー，L・S（2003）『「発達の最近接領域」の理論——教授・学習過程における子どもの発達』土井捷三・神谷栄司訳，三学出版］

Выготский, Л. С. (1956) *Мышление и Речь*. ［ヴィゴツキー，L・S（2001）『思考と言語』柴田義松訳，新読書社］

Vygotsky, L. S. (1978) Edited by Cole, M. John-Steiner, V. Scribner, S. Souberman, E., *Mind in Society*, Harvard University Press, p.86.

W

和田一郎・森本信也（2014）「理科における自己調整学習を促進する教授方略についての事例研究」『日本教科教育学会誌』Vol.37（2），pp.15-27.

渡辺正隆（2012）「学校教育におけるサイエンスコミュニケーション──サイエンスリテラシーを養うために」『理科の教育』Vol.61（10），pp.5-8.

Weinberg, A. M. (1972) "Science and Trans-Science," *Minerva*,10(2), pp.209-222.

Y

山住勝広（2004）『活動理論と教育実践の創造──拡張的学習へ』関西大学出版部.

矢野英明（2014）「理科の目的、目標と教科カリキュラム」『理科の教育』Vol.63（9），pp.40-43.

吉岡有文（2007）「サイエンス・コミュニケーションを学校で行うということ──学びのネットワーク化とローカル化」『科学教育研究』Vol.31（4），pp.391-399.

湯沢正道（1995）「第3章 日常的知識から科学的知識へ」内田伸子・南博文『講座生涯発達心理学 第3巻 こども時代を生きる──幼児から児童へ』金子書房，p.81.

おわりに

　本書は、博士学位請求論文「児童の科学的概念の構築を図る小学校理科教育の教授・学習に関する研究」（2014 年 10 月 30 日昭和女子大学に提出、2015 年 3 月、博士〈学術〉の学位取得）を、平成 28 年度昭和女子大学博士論文出版助成を受けて刊行したものである。

　刊行に際して、表題を『児童の科学的概念の構造と構成——ヴィゴツキー理論の理科教育への援用』とし、本文に若干の加筆と修正を行った。

　本書の研究の始まりは、昭和女子大学大学院生活機構研究科人間教育学専攻博士前期課程に第 1 期生として入学した 2008 年に遡る。現職教員に大学院の門戸が開かれ、昭和女子大学附属昭和小学校に勤務しながら、同じ敷地に内にあるキャンパスで学べることに大きな期待を抱き、自己の教育実践を理論研究によって再評価してみたいと強く願ったからである。

　7 年間の研究を振り返ると、デューイ、ピアジェ、ヴィゴツキーという 3 人の認知科学における巨匠の洞察の深さにあらためて感服せざるを得ない。100 年ほどの時を経てもなお新しさを感じる理論を目の当たりにして、それを乗り越えるほどの実践的研究をしたいと奮起して研究を続けてきた。研究の結果、媒介としての言葉が、社会文化的文脈を有し、時代を超えて教育界を押し上げていく力強い言葉となっていることに思いを馳せる次第である。

　しかしながら、理論研究と実践研究をつなぐ段階で研究は行き詰まることが多かった。なぜなら、研究当初、我が国でヴィゴツキーの理論を用いて理科の授業実践を行っている事例は稀少だったからである。研究の契機となったのは、NPO 法人東京コミュニティスクール校長市川力氏から得た「探究なら FOSS はどうか」というアドバイスだった。FOSS は、米国で開発された、構成主義学習論に基づいた教育プログラムだった。なお、構成主義学習論は、ヴィゴツキーの理論を基盤として成り立っている理論である。

FOSSを調べる中で、先駆的にFOSSを研究している当時国立教育政策研究所の小倉康氏の存在を知り、その小倉氏から日本理科教育学会会期中に移動するバスの中でFOSSの理念についての手ほどきを受けることができたことで、理論と実践とをつなぐ研究の道筋に光が差したことを昨日のことのように憶えている。

早速米国からFOSSの教材を取り寄せて研究する日々が続いたが、教材を授業実践で使用する過程で驚かされたことが主に2つある。1つは、毎時間の授業で語られる教師の発問や子どもの反応を動画で収録したDVDの存在だった。授業実践では、このDVDを活用することで、できるだけ忠実にFOSSの教材を用いたFOSSスタイルの授業を実践することが可能になった。その結果、DVDで紹介されている子どもの反応と同じような反応が我が国の子どもにも見られることが分かった。国が変わっても、子どもの科学的概念構築の道筋には共通点が多いことが示唆された。このような授業実践は指導案だけでは実施できなかった。我が国では、子どもの学びの姿に焦点を当てた動画を用いた授業提案は多くはない。今後、動画を活用した授業提案が増え、WEB等で手軽に見ることができるような環境が整うことに期待したい。

もう1つは、質的に類似した科学的概念の構築を意図した学習場面が、教材を変えながら幾度となく繰り返し登場することである。これは、水平的カリキュラムデザインと称される。授業実践以前は、繰り返しが多く時間がかかる効率の悪い授業設計のように思えたが、授業実践により子どもが協同的に学ぶ過程を通じて自ら多くのことを発見する様子を観察することができた。ヴィゴツキーの理論においても時間をかけて水平的相互作用を促すことの重要性は指摘されていたが、授業実践が伴って初めて自分に中に理論が実感を伴った理論として再構築されていくのを感じた。このような事例的研究を通じて、本書では論じるには至らなかったが、科学的概念構築の背景となるメタ認知や、それに関わる自己調整学習の重要性を実感することにつながっていったのである。

本書は、小学校低学年から「科学的探究」を経験する機会を増やすことが、市民の科学的リテラシー向上に寄与することを提起している。今日、我

 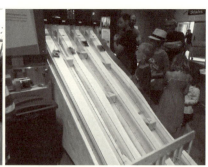

ボストンの水族館の解説の様子　　ボストンの科学館で実験する様子

が国の小学校低学年では理科学習が行われていないが、生活科において科学的な見方・考え方の基礎を培うことの重要性を指摘した研究成果は増大の一途にある。このような状況下、東京都大田区清水窪小学校は、2013年度から文部科学省教育課程特例校「おおたサイエンススクール」として、全国で初めてサイエンスコミュニケーション科を特別な教科として設置し、すべての学年で年間35時間の授業実践を行っている。低学年の授業実践においては動物園で専門の解説員に様々な質問をする場面が見られた。このような事例的研究を通じて、近年素朴生物学に関わる研究で明らかになってきた通り、6〜7歳の児童であっても、専門家と交流し助言を受けることで、動物園の生き物と自分とを比較し、科学的な見方・考え方に基づいて様々な仮説を立てながら推論することができるようになることが示唆された。

　また、筆者は2014年8月に米国のボストンに赴き、現地の動物園、水族館、科学館を視察した。動物園や水族館の至る所に観覧場所が設けられ、左上の写真の通り、解説員が実際の生き物を見せながら参観者に解説をする場面を数多く見かけた。解説の最後には質問の時間があり、小学校低学年の子どもが熱心に質問する様子を多数見ることができた。

　科学館においては、専門家のアドバイスを受けながら実際に手を動かして実験をする場面を見かけた。右上の写真では、工夫して作った車で斜面を滑らせて速さを競っているところである。これらの事例から想起されるこれからの学校における理科教育の望ましい在り方は次の2点である。

まず、積極的に学校外施設を活用し、双方向的コミュニケーションを活発化させ、教師と子どもという二者関係から多元的な関係へと拡張させることの重要性である。学習を机上の学習で終わらせずに実物に触れさせることよって子どもの学ぶ意欲を高め、有意味学習を成立させる可能性を高めていくことが求められるのである。このような学習の積み重ねによって、子どもは自己調整的に学習を進めていく資質・能力を磨き、ひいては科学的リテラシーが向上するものと考えられる。

　もう1つは、問題解決的学習の最終段階として考えられる活用の段階における情報の発信の重視である。我が国の子どもは米国の子どもに比べて、新しく知った事物・現象に対して疑問や意見を発信する機会を十分持てていないことが懸念される。自分の意見を述べるためには図鑑や科学読み物などから得た情報を活用する力が求められる。近年全国の図書館を中心に広まりつつある「理科読」という科学読み物をより活用しようとする取り組みと呼応し、教師と子どもという二者関係の改善を図るために、科学読み物を授業実践に導入することの意義を提起していきたい。このことについては、今後さらに研究を深め、学会の口頭発表等で真価を問うていきたいと考えている。

　さらに筆者は、2015年8月にシンガポールとマレーシアに赴き、学校におけるICT機器の活用の様子を視察した。両国においては、我が国ではまだ十分知られているとは言えないヴィゴツキーや構成主義学習論について、当たり前のように語られていたことは衝撃であった。このような理論的背景を基盤としてICT機器を導入しているわけであるから、当然、ICT機器は子どもと子ども、子どもと教師をつなぐ媒介として機能していた。構成主義学習論は、ICT機器の進化によって新たな局面を迎えようとしていることを強く感じる。子どもが協同的に学び、教師はファシリテーターとしての役割を果たすことが、ICT機器を使うことで容易に

シンガポールにある小学校で
iPadを使う子どもたち

実現できる可能性が高まっている。デューイから100年、為すことによって学ぶという経験主義教育理論の具体は、教育の流れの中で一進一退をたどってきたように思われるが、海外の動向を探る限り、21世紀に入り急速に深化・拡張を遂げる兆候が見受けられる。しかしながら、我が国においては、まだ知識偏重的な学習形態が散見され、サイエンス・コミュニケーションの視点からも、市民の科学的リテラシー向上に寄与する取り組みには多くの課題が見られることに危機感を覚えざるを得ない。本書が、その課題を解決するための一助になればと願ってやまない。

2016年12月

白數哲久

謝　辞

　論文審査委員主査である昭和女子大学大学院教授の小川哲男先生には、博士課程前期の2年間、博士課程後期に入るまでの2年間の投稿論文の指導、博士課程後期3年間の計7年間という長きにわたりお世話になりました。教育現場で探究の姿を手探りで追い求めていた私を認知科学の世界に導いてくださり、ヴィゴツキーの理論から研究を始めさせてもらえたことは幸運なことでした。なぜならば私が思い悩んでいたことへの回答は、ほとんどヴィゴツキーの理論の研究から得ることができたからです。小川先生は、私の文章につぶさにお目通しくださり、良いところがあれば惜しみなく称賛してくださいました。7年間研究を継続できたのは小川哲男先生の励ましあってのことです。また、小川先生の研究共同体である東京都大田区の小学校の先生方と学会での研究発表を通じて深い交流が続いていることも、今なお私の大きな原動力となっております。

　昭和女子大学大学院教授の押谷由夫先生と永岡都先生には、博士課程前期から修士論文執筆や大学の研究紀要執筆のたびにご指導いただいておりましたが、折りに触れて論文の構成や内容について専門的見地からご指導いただきました。押谷由夫先生は、科学的概念構築ばかりに目が行きがちな論文構成の中で、人が学ぶ意味を深く見つめ、人として他者と関わりながら生きる意味を見いだしていく理科教育の重要性を説かれ、研究に奥行きをもたらしてくださいました。永岡都先生は、海外の論文の引用では和訳文に頼り過ぎず原著に当たる重要性を説かれ、私に新たな発見をもたらしてくださいました。

　鳥の巣研究家で絵本作家の鈴木まもる氏には、ゲストティーチャーとして教育に関わっていただき、子どもの自然認識の構造と構成を検討する上で重要な資料を得ることができました。

　この他、NPO法人東京コミュニティスクール校長の市川力先生、NPO法人ガリレオ工房理事長の瀧川洋二先生、埼玉大学の小倉康先生、玉川大学の石井恭子先生、新潟大学の土佐幸子先生から、米国の教育や探究、サイエンス・コミュニケーションの内実についてたくさんのお話しをうかがうことができ、研究の要所で方向性を定めることができました。

　本書は構成主義学習論を理論構築の柱に据えていますが、日本理科教育学会の会

長として我が国の理科教育界を牽引し、構成主義学習論の普及に尽力なさっている横浜国立大学教育人間科学部教授の森本信也先生に、博士課程の論文審査委員として直接ご指導を賜れたことは、私の人生における最大級の栄誉となりました。本研究では、森本信也先生のご著書や論文から多くの理論や研究手法を享受し援用したわけでありますが、これからの理科教育においてキーコンピテンシーとサイエンス・コミュニケーションの視点は重要であると評価していただいたことが、私にとって大きな励みとなり、論文をまとめる最後の段階まで、力を振り絞って日夜研究に打ち込むことができました。心より感謝申し上げます。

　こうして振り返りますと、実に多くの方々に支えられて研究を進めることができたのだということをあらためて実感し、胸が熱くなる想いです。お世話になった皆様方に、この場をお借りして深く感謝申し上げるとともに、心から敬意を表します。

　私は現職小学校教員として研究をしていますが、理論研究と並行して常に日々事例研究があり、子どもからも多くのことを学びました。私の研究は子どもなくしては成り立ちませんでした。したがって、かけがえのない時を共有したすべての子どもたちに感謝の意を表します。また、研究の時間を捻出するために家事を一手に引き受け励ましてくれた妻の温かい理解にも心から感謝します。

　最後になりましたが、本書の刊行には、福村出版の宮下基幸氏と小山光氏に、企画の段階から刊行まで多大なるお力添えをいただきました。ありがとうございました。

　感謝の意は言葉で表しきれるものではありません。ご恩返しは、私のこれからの生き方にかかっていると思い、研究と実践を続けつつ、微力ながら我が国の理科教育の発展のために貢献できる道を歩んでいきたいと考えています。

2016 年 12 月

白　數　哲　久

著者紹介

白數哲久（しらす・てつひさ）
1969 年愛知県生まれ。1991 年東京学芸大学教育学部初等教育教員養成課程卒業。2010 年昭和女子大学大学院生活機構研究科人間教育学専攻博士前期課程修了。2015 年昭和女子大学大学院生活機構研究科生活機構学博士後期課程修了。博士（学術）。専門は、理科教育、サイエンス・コミュニケーション。昭和女子大学附属昭和小学校教諭。昭和女子大学附属昭和こども園講師。昭和女子大学現代教育研究所研究員。日本学校図書館学会理事。NPO 法人ガリレオ工房副理事長。サイエンス・コミュニケーションの一環として、長年にわたり東芝未来科学館、東京都水の科学館等で実験教室の講師を務める。主な著書に『小学生の夏休み自由研究ブック』（編著、永岡書店）、『水で動く！水で遊べる！おもしろおもちゃ』（編著、PHP 研究所）、『小学館の図鑑 NEO 科学の実験——あそび・工作・手品』（共著、小学館）。

児童の科学的概念の構造と構成
——ヴィゴツキー理論の理科教育への援用

2017 年 1 月 20 日　初版第 1 刷発行

著　者	白　數　哲　久
発行者	石　井　昭　男
発行所	福村出版株式会社

〒 113-0034　東京都文京区湯島 2-14-11
電　話　03（5812）9702
ＦＡＸ　03（5812）9705
http://www.fukumura.co.jp

印　刷	株式会社文化カラー印刷
製　本	本間製本株式会社

© Tetsuhisa Shirasu 2017
Printed in Japan
ISBN978-4-571-10177-9 C3037
落丁・乱丁本はお取替えいたします
定価はカバーに表示してあります

福村出版◆好評図書

中村和夫 著
ヴィゴーツキー理論の神髄
●なぜ文化−歴史的理論なのか

◎2,200円　　ISBN978-4-571-23052-3　C3011

ヴィゴーツキー理論の中心にある「人間の高次心理機能の言葉による被媒介性」という命題を明らかにする。

中村和夫 著
ヴィゴーツキーに学ぶ
子どもの想像と人格の発達

◎2,500円　　ISBN978-4-571-23050-9　C3011

ヴィゴーツキーの想像の発達についての議論に焦点を合わせ，人格発達理論としてヴィゴーツキー理論を論証。

加藤義信 著
アンリ・ワロン　その生涯と発達思想
●21世紀のいま「発達のグランドセオリー」を再考する

◎2,800円　　ISBN978-4-571-23053-0　C3011

ワロンの魅力的な人物像と発達思想を解説し，現代発達心理学における〈ワロン的な見方〉の重要性を説く。

岸田幸弘 著
子どもの登校を支援する
学校教育システム
●不登校をのりこえる子どもと教師の関係づくり

◎5,000円　　ISBN978-4-571-10170-0　C3037

不登校児童生徒への支援と，登校を促す魅力ある学級づくり等の教育実践と学校教育システムを論考する。

石井正子 著
障害のある子どもの
インクルージョンと保育システム

◎4,000円　　ISBN978-4-571-12120-3　C3037

「障害のある子ども」のいる保育の場面で求められる専門性とは何か。「かかわり」という視点からの問題提起。

小野善郎・保坂 亨 編著
続・移行支援としての高校教育
●大人への移行に向けた「学び」のプロセス

◎3,500円　　ISBN978-4-571-10176-2　C3037

子どもから大人への移行期にあたる高校生の「学び」に着目。何をどう学ぶのか，高校教育の本質を考える。

小野善郎・保坂 亨 編著
移行支援としての高校教育
●思春期の発達支援からみた高校教育改革への提言

◎3,500円　　ISBN978-4-571-10161-8　C3037

思春期・青年期から成人への移行期を発達精神病理学的に理解し，移行支援としての高校教育を考察する。

◎価格は本体価格です。